その政治的主体と思想

テロルはどこから到来したか

Ukai Satoshi
鵜飼 哲 著

インパクト出版会

テロルはどこから到来したか　その政治的主体と思想

目次

第2章 テロルの由来

歴史と思想

第3章

テロルの主体

国家と民衆

序文に代えて

ある妄想の未来——いかに「テロ」の影の外に出るか

「アメリカ文化・国家と恐怖——テロはどこにあるのか?」」。アメリカ合州国の文化も、文学も、思想も、社会も、歴史も、かつて専攻したことのない者に、今日ここで、日本英文学会の大会で、このようなタイトルのパネルに参加して、皆さんの前で発言する機会が与えられたことに、私がある種の恐怖を抱いていないと言えば嘘になるでしょう。同僚のN先生からお誘いを受けなければ、私が今日ここにいることも、このような試練にさらされることもなかったでしょう。とはいえ、N先生が私に声をかけて下さった背景には、おそらく、単なる偶然ではない、いくつかのファクターが、すでに存在していたのだと思います。この発表の準備をしながら、私はこれらのファクターのことを、ときに感謝しつつ、ときに呪いつつ、繰り返し考えていました。

これらのファクターのひとつ、おそらく第一のものに、私がどれほどアメリカ文化に無知であっても、アメリカ文化と無縁ではありえないという根本的な事実があります。アメリカ文化の専門の研究者ではないけれどもアメリカ文化の関係者ではある、この文化に対して完全なアウトサイダーではない——今日、地球上に生活する圧倒的多数の、ほとんど任意の人々と、私はこの条件を共有しています。アメリカ文化はいたるところにあり、私を包囲しています。私の存在の相当の深部にまで、それは入り込んでいます。自分自身に恐怖を覚えることなしには、それに恐怖を覚えることができないほどに。

昨年（二〇〇五年）、二六年ぶりに私はアメリカ合州国に渡りました。一月と三月、ロサンジェルスとニューヨークで、いくつかのシンポジウムに参加するためでした。この最近の、合州国の学界との接触が、今日私をこの席に導いたもう一本の糸だったのだと思います。そして今年三月、私は三たび渡米することになり、今回は仕事の性格上、交流訪問者ビザを申請することになりました。ところが、三月上旬になってもビザが下りません。大使館に問い合わせると申請翌日に私の書類は「追加審査」に回された、そしてこの審査は最短二週間、最長一年かかると告げられました。そこで私は申請を取り下げ、パスポートを取り戻し、合州国での仕事の前半をキャンセルし、後半の仕事を報酬を受ける権利を放棄して果たすべく、ノービザで出発しました。恐れていた通り、到着したニューヨーク・ケネディ空港では別室に連れていかれ、たぶん移民法関係でチェックされたらしい他の多くの人々とともに待機を余儀なくされ、その時間は四時間半に及びました。そして数日後、コーネル大学での仕事を終えてロサンジェルスに移動しようとしたところ、今度はイサカ空港で予定していた便に搭乗が許可されず、ついに連邦捜査局員の取り調べを受けることになりました。

さいわい最終的には、待機、尋問、特別入念な身体検査と荷物検査以上の事態には発展せず、予定していた仕事をなんとかこなし、こうして皆さんに今ご報告しているわけですが、このパネルへの参加をお引き受けしてから本日までの間に、まさか自分自身が「テロリスト」の疑いを受けることになろうとはさすがに想像していませんでした。N先生の直観の鋭さには脱帽するほかはありません。「アメリカ文化」はともかく、「テロはどこにあるのか」というこのパネルのタイトルの後半の問いに関しては、発言の資格がなくもない人物を、このようにしっかり発見されていたのですから。

私の名前が、ブラックリストと総称される捜査資料のどこかに記載されてしまったことは、今回の事態の後では認めないわけにいきません。どうしてこんなことになったのか、この間私はさまざまな仮設を検討してみました。二〇〇一年九月一一日の出来事の以前および以後に、「テロリズム」という主題について、私はいくつかの発言をしています。多くは日本語で行ったこれらの発言のなかには、英語に翻訳され、合州国で発行されている雑誌に掲載されたものがあります。それが、FBIの調査官の注意を引いたのではないか。昨年の二回の渡米時にはチェックを受けなかった以上、その後、デューク大学出版から発行されている『ポジションズ』(Positions)という雑誌の、「先制戦争に反対する」（Against Preemptive War）という特集号に掲載された、“The Road to Hell is Paved with Good Intentions – For a “Critique of Terrorism” to Come”（「地獄への道は善意で敷きつめられている——来るべき「テロリズム批判」のために」）[1]というタイトルの私の論考が、私が「要注意人物」とみなされる機縁になったのではないか。さしあたり私にはこの可能性がもっとも高いと思われるのですが、もちろん確かめるすべはありません。友人たちは、長生きして三〇年後、ワシントンの公文書館で調べなさいと励ましてくれています。

さて、ここから本題に入らせていただきます。私がこれまで「テロリズム」という言葉をどのように論じてきたかを知っていただくため、二つほど引用いたします。まず、〈九・一一〉以前、私は次のように主張しました。

「たしかに暴力的事態が突発すると人の心は恐慌をきたし、その事態の原因に眼を向けられなくなる。だが、「テロリズム」は学問用語というより一種の罵倒語であり、政治的背景を持った暴力を犯罪のコードに転写するための装置である。この言葉の濫用は悪魔払いの儀式に似ている、この言葉自体は何も教えてくれないのだから。したがって、この言葉を目にしたら、それがそのつどどんな問題を隠しているのかを考えてみなければならない。[2]」

そして、〈九・一一〉以後、雑誌『現代思想』の特集「テロとは何か」での口頭の発言、Positions に翻訳・掲載されることになった「地獄への道は善意で敷きつめられている」

の冒頭では、一見同じ内容の認識を、私はこう言い換えています。「カール・シュミットの『政治的なものの概念』から出発しましょう。「あらゆる政治的概念は、それ自体政治的かつ抗争的である」と彼は言います。全体主義、民主主義、自由――どういう言葉が使われようと、それが誰に対して言われているのかを考慮することなしに、それぞれのコンテクストにおける具体的な意味は決定できない、というわけです。

このシュミットの命題は、それ自体自己言及的に、政治についてシュミットが語るすべての事柄を重層的に規定しますが、いずれにせよ「テロリズム」という言葉は、シュミットが言う「政治的概念の本質的な抗争性」をあまりにもよく証明する事例だと思います。その意味でテロリズムは、「究極の政治概念」だと言えるのではないでしょうか。[3]」

この二つの発言は、「テロリズム」という言葉が、客観的な認識を可能にする科学的概念ではなく、そのつどの遂行性においてしか意味作用を行わないという認識を共有しています。しかし、最初の発言では「テロリズム」は「学問用語」ではなく「罵倒語」であると言われているのに対し、後の発言では「究極の政治概念」とされている点にご注意いただきたいと思います。この点に、ある対照性が見て取れるのではないでしょうか。要するに、〈九・一一〉以前には「テロリズム」のみが要注意タームとみなされていたのに対し、〈九・一一〉以後は、たしかに「テロリズム」はその極端な「抗争性」において「究極の政治概念」であるけれども、いまやどんな政治概念も、程度の差こそあれ、「テロリズム」の場合と同様の注意が必要だと考えられているのです。「正義」「平和」「自由」「人権」「民主主義」……。〈九・一一〉後のアメリカ合州国の対応、国内的、国際的な政治的決断、戦争の発動、そしてそれらと相即的な言説戦略を通じて、西洋の伝統的な政治概念のほぼ総体が、まさしく「テロリズム」の対立概念として措定しなおされたことによって、著しくその信用を喪失したという認識が、二〇〇三年の私の発言には加わっているのです。

「テロリズム」を主題とするこの二回の発言の間の差異は、見る角度によって、小さくも、大きくも映ります。ここでは試みに、この差異を大きく見積もってみようと思います。最初の発言が前提しているように、仮に「テロリズム」という言葉のみが、その欺瞞性、煽動性において批判されるべきであるならば、「悪魔払い」という言葉が示唆するように、この言葉の濫用に注意を喚起する私の発言は、啓蒙主義的な身振りであることになるでしょう。それに対し、いまや近代的政治概念の総体が、「テロリズム」という言葉とともに問題化されるべきであるならば、近代啓蒙主義の諸概念をも含めた西洋政治思想の総体が、その起源から二五〇〇年ののちに「テロリズム」という言葉を生み出したという、まさにそのことによって問題化されるべきでしょうし、私たちの批判の作業は、啓蒙主義の前提そのものまでも、問題化しなくてはならないことになるでしょう。

「ある妄想の未来」という私の報告のタイトルは、申し上げるまでもなく、フロイトの著作『ある幻想の未来』の変奏です。フロイトがここで「幻想」と呼んでいるのは宗教のことですが、私はここに「包囲妄想」というある特定の幻想を代入してみたいと思います。「テロリズム」という言葉を、その概念上の不明確さについて、濫用について批判した後に何が残るでしょうか。それは次のような逆説であると思われます。「「テロリズム」は犯罪である、法規範からの逸脱である、「われわれ」はそれを処罰し、除去しなければならず、またそうすることができる、なぜなら、結局のところ、「テロリスト」は少数であり、例外なのだから」。「テロリズム」の撲滅を主張する人々、「テロリズム」の撲滅をもって「平和」の定義とみなし、この定義を私たちに押し付けようとする人々がこの言葉を使用するとき、そこにはこのような論理が前提されているはずです。しかし、このような「テロリズム」言説を少し注意深く検討すれば、この人々が自分たちの言っていることをあまり信じていないことがわかります。「テロリスト」は、すくなくとも潜在的には、少数ではなく、例外でもない。少数であり、例外なのは「われわれ」である。「テロリスト」はいたるところにいる。「われわれ」は包囲されている……。このように言い表せるようなある種の不安が、「テロリズム」言説に取り憑き、かつそれに養分を与えているように思われます。「国際テロリズムとは世界中がヴェトナムになったようなものだ」。これはアメリカ国防省のある高官の言葉ですが、「テロリズム」言説に特徴的な、言表内容と言表行為の二つのレベルにおける多数者と少数者の反転を、この言葉はとても雄弁に語っているのではないでしょうか。

このような状況が典型的に見られたのが、歴史的には、植民地支配のそれであることは強調するまでもないでしょう。そして、近年の出来事としては、南アフリカ共和国で人種隔離政策、アパルトヘイト体制が解体され、全住民参加の選挙によって、一九九四年、アフリカ人民族会議を中心とする多数派政権が成立し、それまで権力を独占してきた白人少数派が、支配者から被支配者に立場を変えた革命的変動が思い出されます。一九五〇年代から六〇年代にかけて植民地の多くが独立したとき、植民者の共同体は、ほとんどの場合、旧宗主国に帰還していきました。かつての植民者と被植民者が、旧植民地の独立後、同じ政治空間の内部で、平等の市民として政治に参加した例はきわめてまれでした。しかし、南部アフリカと中東のイスラエル／パレスチナにおいては、植民地主義的な支配＝被支配関係を、この方法で解消することは歴史的理由から不可能でした。そのとき、まさにイスラエルとパレスチナの激しい葛藤のなかから、「テロリズム」という言葉の現代的用法の核が形成されてきたのです。さきほど触れた「テロリズム」言説に内在的であると私が考える包囲妄想は、アラブ諸国に包囲されたイスラエルという地理的表象と不可分です。そして、この言葉の世界化とともに、この妄想もまた輸出され、他の国々、例えば日本の地理的表象にも、今、さまざまな回路で影響を及ぼしつつあるように思われます。

南アフリカ共和国がまだアパルトヘイト体制のもとにあった時期、ジャック・デリダは、『アパルトヘイト否！国際美術展』に寄せた論考「人種差別主義の最後の言葉」で、この体制の法的構造を、この体制に体質的な包囲妄想との関連で理解していました。

「アパルトヘイトの政治神学的言説には、辻褄の合わないところがままあるが、やはり同じエコノミー、同じヨーロッパ内的矛盾を例証している。

禁止事項を発明し、世界一抑圧的な裁判装置を日々肥大化させるだけでは飽き足らず、包囲されているという恐怖から、熱病に浮かされ、息切れを起こしつつ法律をいじり続け、二〇年間になんと二〇〇以上の新法と修正法が公布されることになったのだ（一九四九年「混血結婚禁止法」、一九五〇年「背徳法」修正など、人種間の性的関係を禁ずるもの。（…）

その上この法律はある神学に、上述の諸法令は聖書に基礎づけられている。政治権力というものは神に由来するからだ。従ってそれはどこまでも分割不可能というわけだ。「未熟な民族共同体」や「神に対する公然たる反逆者、すなわち共産主義者」に個人の権利を認めることは「神に対する叛逆」になる。[4]」

歴史的経緯の違いにもかかわらず、当時の南アフリカ共和国の白人少数派政権は、中東のイスラエルと、周辺諸国および国内の異民族住民との関係において、ある種の構造的な類似を示していました。そして現在、イスラエルが建設中の分離壁は、アパルトヘイト・ウォールと呼ばれています。この壁は、パレスチナ人の生活を破壊するために動員されてきた多くの政治的・軍事的手段の一つであり、一方ではきわめて合理的な計算の上に、パレスチナ人をかつての南アフリカのバントゥースタンに比すべき領域に隔離するべく、攻撃的に建設されているのですが、他方では、アラブ人との出生率の違いから、いずれユダヤ人人口が少数化することを恐れ、ユダヤ人がいつまでも多数派であり続けることのできる空間を、幻想的に確定しようという欲望の表現でもあるでしょう。国際司法裁判所によって違法と断定されたこの壁の建設を、イスラエルが、テロリズムに対する防衛という名目で正当化し続けていることは言うまでもありません。しかし、〈九・一一〉ののち「アメリカのイスラエル化」が指摘され、そのアメリカが「世界化」しているのだとすれば、そして、マイク・デイヴィスが指摘するように、イスラエルの壁は、彼が「資本の長城（great wall of capital）」[5]と呼ぶ世界的な壁の増殖のもっとも目立つ一例にすぎないのだとすれば、かの地のユダヤ系イスラエル人の包囲妄想は、すでに、いくぶんか、私たちのものでもあるのではないでしょうか。

ナディーヌ・ゴーディマ、ブレイテン・ブレイテンバック、そしてジョン＝マクスウェル・クッツェーといった、南アフリカの旧支配者の共同体に出自を持つ作家たちの作品が、南アフリカ共和国という地理的、歴史的限定を超えて、私たちの現在に大きな意味を持つようになってきた理由のひとつは、この作家たちが、いまや世界化しつつある包囲妄想の諸相を、その矛盾、愚かさ、しかし否定し難いリアリティをも含め、みずからの置かれてきた歴史的状況に対する真摯な洞察を通して、傑出した形で表現する力を示していることにあると思われます。なかでもクッツェーの作品『恥辱（Disgrace）』[6]（一九九九年）は、世紀転換期の私たちの世界、私たちの時代の、最大の問題作のひとつと言えるでしょう。

ご存知の方が多いと思いますが、この作品の主人公、視点人物、あるいは〈焦点化〉される人物は、五二歳の大学教授です。ケープタウンの大学で英文学を教えていた彼、ラウリーはある女子学生と性的関係を持ち、セクシュアル・ハラスメントの告発を受け、調査委員会で弁明も謝罪もせずに職を失います。そして、イースタン・ケープで花卉栽培を営みながら一人暮らしていた娘のもとに身を寄せるのですが、父と娘は間もなくアフリカ人の少年たちの襲撃を受け、父は頭部を焼かれ、娘はレイプされてしまいます。作品の後半は、この事件についての父と娘の受け止め方の隔絶を中心に展開します。警察への被害届けの際、娘がレイプの告発を拒否するとき、父はもはや娘を理解することができません。時間の関係で残念ながら触れられませんが、作品のこのパートについては、ガヤトリ・スピヴァックが大変すぐれた考察を行っています[7]。

デレック・アトリッジは、この作品の構造を、「時代（time）」という言葉を軸に記述しています。時代の変化は、ラウリーにとって、南アフリカ共和国固有の政治的変化であると同時に、伝統的な人文系学科を周縁化する大学改革やセクハラ防止委員会に象徴される新制度など、南アフリカに限定されない、アメリカ合州国に発して世界化の途上にあるさまざまな趨勢でもあります[8]。小説の冒頭で彼が性的関係を結んでいたイスラーム教徒の女性も、学生も、同僚も、前妻も、もちろん娘の隣人である、いまや政治的に平等なアフリカ人たちも、ある世代に属し、ある教養の形に固執するアフリカーナー男性のラウリーには、よそよそしい他者の顔しか見えません。孤立無援で包囲されつつ頑なに自分の思想に執着するラウリーのこの姿は、一見古典的にみえる作品構造のなかで、西洋近代文学史上の何人もの男性登場人物を彷彿とさせ、彼がけっして手放そうとしないバイロンを主人公とするオペラ台本の執筆計画は、その意味で、男性的ヨーロッパの文化伝統総体の提喩としても働いているでしょう。

アトリッジが正確に指摘しているように、ラウリーがその頑なさゆえに何が見えていないかは、彼が女子学生メラニーに対して行った行為と、アフリカ人の少年たちが彼の娘ルーシーに対して行った行為を、レイプという同じ言葉のもとで比較することに彼がけっして思い至らないという点に端的に示されています。スピヴァックが「人種・ジェンダー問題の理解力欠如(race-gender illiteracy)」と呼ぶ彼の心の闇、内面的にも外面的にも八方塞がりの、文字通りアポリアのただなかにあるこの人物に残されているのは、娘への愛と、あのオペラ台本の執筆計画だけです。

その彼が出会いえた、周囲の敵対的他者たちとは異なる他者、それが動物、とりわけ犬であるということに、この作品の読解上最大のポイントのひとつがあることは明白です。動物愛護クリニックで働くようになったラウリーは、安楽死を強制される犬たちに、自分でも理解出来ない情動とともに引き寄せられていきます。クッツェーは『恥辱』とほぼ同時期の『動物のいのち』(9)というフィクションの形を取った講演で、動物についての議論を詳細に展開していますが、彼が近年明確にした動物に対するこの関心は、動物愛護運動やアニマル・ライツといった同時代の思潮と混同されがちです。しかし、『恥辱』

のラウリーの人物造型は、彼がピューリタン的潔癖主義の過剰とみなす倫理的傾向には、どんなものであれ固く心を閉ざしていることを示しています。動物との出会いとともに彼に起きたことは、私の考えでは、Disgrace（神の恩寵 Grace から見放された状態）という表題はもとより、ルーシーがレイプによって身ごもった子供や、彼女がその妻になることを決心する隣人の名「ペトラス（Petrus）」に至るまで、キリスト教的暗示に満ちたこの作品の内的論理にしたがってもなお、キリスト教的な宗教的ないし倫理的回心というトポスに、けっして単純には収まらない出来事だろうと思います。それはある前―倫理的な何か、しかし、それなくしてはあらゆる倫理的「善意」が、いずれ「地獄への道を掃き清め」ることになってしまうような何か、言い換えれば、倫理にも、政治にも、けっして還元されえないような、あるいはむしろ、いっさいの政治が、それを排除することによって成立するような他者経験なのではないでしょうか。

アトリッジがこのとてもデリケートなポイントで、クッツェーとデリダを接近させていることに、私は全面的に賛成です。そのうえで、彼が触れていない論点として、現在の「テロリズム」言説に張り付いた包囲妄想のもっともアルカイックな層に、動物に対する憎悪、動物に対する恐怖、動物に包囲されているという妄想が潜んでいるのではないかという仮設を付け加えたいと思います。この作品に、現実の、あるいはフィクション上の存在として登場する動物たち、原義および転義において登場する動物にかかわる語彙や表現の数々は、非白人が「人間」として承認されず、不動の定型表現によるならば「動物のような」と言われうる扱いを長年にわたって受けてきたこの国の人種差別主義の歴史を新たに学び、また繰り返し想起しつつ、慎重に、正確に読み解かれなければなりません。しかし、デリダが、人種間の和解を目的とした世界初の試みである南アフリカ「真実和解委員会」に大きな共感を示しつつも、この委員会の正統性の源泉とされた「人類に対する罪」という概念を次のように問題化するとき、『恥辱』の読解を、どんなものであれ、人間主義の限界内に限定することは不可能であることを、私たちは意識せざるをえないのです。

「もし、私が考えるように」とデリダは述べています、「人道に反する罪という概念が、この自己告発の、悔恨の、求められた赦しの訴因であるとすれば、またもし、他方で、人間的なものの聖性が、最終的にはそれだけが、この概念を正当化するのだとすれば(…)、人類に対する犯罪が、生物のうちでももっとも聖なるものに対する罪であり、ゆえに、すでに、人間の、人となった神の、あるいは神によって神とされた人のなかの神的なものに対する罪であるならば、赦しの「世界化」は、進行中の巨大な告白の場面に、(…)キリスト教会をもはや必要としないキリスト教化の過程に似てくるでしょう。[10]」

この過程に、心の闇のなかで頑なに抵抗していたラウリーが、自分が何をしているか知らないまま、動物に出会ったことには、おそらく、ある深い必然があったのでしょう。しかし、ポスト植民地時代、ポスト・アパルトヘイト時代の南アフリカ共和国の、国家からの保護も、市民社会の職業的制度からの保護も、もはや受けえない存在になったこの人物を、そしてあらゆる保護の幻想の彼方で彼が出会った動物たちを、もう一度神聖化することは慎まなければなりません。包囲という妄想からの単純な出口が、この出会いによってもたらされるわけではありません。愛着を覚えていた犬の遺体を焼却炉に運んだのち、彼は車を止めて涙を流します。しかしこの涙は、彼にどんな癒しも、慰めも、もたらすことはないでしょう。ラウリーはラスコーリニコフではありません。彼の涙はただ、人種差別主義と「テロリズム」言説に共通の他者の非「人間」化、すなわち「動物」化が、「人間」を「動物」から截然と区別し、そのうえで「人間」の一部を「動物」視するあの二重の操作が、もはやこれまでのようになされえないような来るべき「文化」への、ごく控えめな示唆と、希求を表現しているように思われます。

(2006年5月21日@中京大学)

註

(1) Ukai Satoshi, "The Road to Hell Is Paved with Good Intentions: For a "Critique of Terrorism" to Come" in *Positions*, volume 13, number 1, spring 2005, tr. Thomas LaMarre.(初出は「「地獄への道は善意で敷きつめられている」——来るべき「テロリズム批判」のために」、『現代思想』、二〇〇三年三月号)

(2) 鵜飼哲「欧州を覆った内戦的状況」、『毎日新聞』、一九九八年九月二八日夕刊。

(3) 鵜飼哲「「地獄への道は善意で敷きつめられている」——来るべき「テロリズム批判」のた

めに」、『現代思想』、前掲、四四頁。

（4）Jacques Derrida, "Le dernier mot du racisme (Racism's Last Word)", in *Art contre/against apartheid*, 1983, Les Artistes du monde contre l'apartheid, p.24.

（5）Mike Davis, "The Great Wall of Capital" in *Against the Wall*, edited by Michael Sorkin, The New Press, 2005

（6）J.M.Coetzee, *Disgrace*, London, Secker & Warburg, 1999.（J・M・クッツェー『恥辱』、鴻巣友季子訳、ハヤカワepi文庫、二〇〇七年）

（7）Gayatri Chakravorty Spivak, "Ethics and Politics in Tagore, Coetzee, and Certain Scenes of Teaching" in *Diacritics* 32, no.2.2002

（8）Derek Attrige, *J.M.Coetzee and the Ethics of Reading*, Chicago University Press, 2004.

（9）J.M.Coetzee, *The Lives of Animals*, Princeton University Press, 1999.（J・M・クッツェー『動物のいのち』、森祐希子・尾関周二訳、大月書店、二〇〇三年）

（10）Jacques Derrida, "Le siècle et le pardon" in *Le Monde des débats*, December, 1999.（ジャック・デリダ「世紀と赦し」、鵜飼哲訳、『現代思想』、二〇〇〇年十一月号、九一頁）

第1章

テロルの〈前〉と〈後〉

二一世紀のフランスとアラブ世界

「テロ」られる側の論理、あるいは主体性の戦争

『atプラス』25号　2015年8月

政治的暴力は歴史的類比を誘う。一八〇〇年一二月、馬車でオペラ座に向かうナポレオンを狙った爆弾がサン・ニケーズ街で炸裂、第一統領は難を逃れたものの、花売りの少女など二二人の市民が犠牲になった。王政復古（一八一五年）後に猖獗《しょうけつ》を極めることになる、カトリック王党派による「白色テロル」の始まりである。

同じ都市で、二世紀の時間を隔て、二〇一五年一月、無神論者の風刺画家たちが、イスラームの預言者のための復讐を志す青年たちに射殺された。この行為に抗議して多数の市民が立ち上がり、全国で三七〇万におよぶ人々が、共和国の理念の防衛を訴えて街頭を行進した。

標的となった思想、実行者のパトス、事件を受けとめる側の視線の質――。このふたつの出来事のあいだに、幾多の明白な差異――なにより実行者の出自――を超えて、ある種の歴史的類比が成り立つこと、そればかりか歴史的連続性のようなものもまた、存在することは確かだろう。

アラン・バディウは事件後に記した文章で、『シャルリ・エブド』紙が掲載した風刺画のいくつかが示す下劣な冒瀆趣味は、思想的にはヴォルテールに遡ると断じている。(1)『哲学書簡』の著者が三〇年かけて彫琢した長編詩『オルレアンの乙女』は、悪魔が取り憑いた驢馬がジャンヌ・ダルクを誘惑する場面などのため、長く国立図書館の地獄棚に保管されていた。そんなヴォルテールの猥雑な宗教批判に、ルソーは裕福な快楽主義者の民衆蔑視を嗅ぎ取っていた。

私は現世であまりに苦しんだので来世を求めずにはいられません。形而上学のあらゆる機微も、魂の不死と恵みをもたらす摂理を、一瞬たりと私に疑わせることはできないでしょう。私はそれを感じ、信じ、欲し、望みます。栄光に満腹し空虚な偉大さに幻滅したあなたは、富のなかで自由に暮らしておられます。それなのに、地上に悪しか見出されない。私のほうはどこの馬の骨とも知れぬ貧しい人間で手の施しようのない悪に苦しんでおりますが、社会から退いて楽しく瞑想にふけり、そしてすべては善いと考えているのです。この明らかな矛盾はどこから来るのでしょうか?

（「摂理についての手紙」、一七五六年(2)）

事件後ふたつに分裂したフランスの世論は、無神論的ではなくとも民主主義的な、このルソーの側にこそつくべきであるとバディウは主張する。それに対し、ポール・ニザンの評伝などで知られる思想史家のパスカル・オリは、このバディウの発言を明らかに意識しつつ、むしろヴォルテール的な自由主義の側にこそ、古典的リベラリズムの個人主義復権の可能性を見る。共和国行進で掲げられた「私はシャルリ」という標語が意味していたのは彼によればまさにそれであり、さもなければルソーに遡る(と彼がみなす)「左右のポピュリズム」が共和国を、出口のない混乱に陥れるというわけだ(3)。

歴史的反復に注意深くあることと、現下の出来事をつねに自国の思想史を尺度に解釈することは同じではない。この期に及んでヴォルテール対ルソーで事を済まそうというこことなら、それはいくらなんでも無理な相談だろう。この世紀に入ってひときわ顕著となったフランス語の思想世界の自家中毒は、なによりもイスラームとの向き合い方を変えなければ、それこそ出口のない退廃に堕ち込みかねない。

帝国崩壊後も万世一系の皇統という擬制が公式に否定されなかった極東の国では、思想的な構図はもう少し複雑になる。一九八八年、長崎市長本島等《もとしまひとし》が、アジア・太平洋戦争における昭和天皇の戦争責任を認める発言をしたことから、二年後、右翼団体員に銃撃されるという事件が起きる。本島は一命を取り止め、以後長い余生のあいだに、日本の戦争、原爆投下、そして福島原発事故にいたる、みずからが生きた時代の重大事件に繰り返し思いを潜め、保守と革新、右翼と左翼という、戦後的な仕切りに収まりきらない幾多の発言を残すことになる。

その本島に谷川雁が公開書簡をしたためたのは事件直後のことである。「五島が五島を撃った」という表題を持つこの文章で彼がまず想起するのは、銃撃の実行者の田尻和美が、本島と同じく、五島列島の出身だという事実だった。将校として戦争に加わったのち京大を出て長崎で自民党員となった本島と、戦前に水俣から東大に進み、学徒兵として動員されたのち共産党員として九州に戻った谷川は、対照的な政治的選択にもかかわらず、谷川から見れば、故郷の民衆との関係に宿命的な難題を背負い込んだ哀れむべき「同類」なのだった。

谷川自身、炭坑闘争の過程で、地元の右翼の襲撃を受けて負傷した経験がある。また一九六四年、匿名の「皇室侮辱」記事掲載の件で右翼からの恫喝に屈した『日本読書新聞』に対し、当時の同紙執筆者が展開した抗議行動にも深く関与した(4)。

谷川において特異なことは、襲撃の実行者の思想、感性、パトスの性格に対し、そして彼我の関係性に対し、生々しい関心をけっして失わなかったことだろう。というのも、襲撃された側が生き延びた場合、単純な被害者意識に閉じこもらずに、自分を襲ったのは誰かという問いを、襲撃された自分は何者かという問いと、不可分のかたちで掘り下げ続けることは、かならずしも容易ではないからである。この点から見て、今日この書簡を読み直す意義はまず、「言論の自由」の階級的性格についての、次のような洞察にあるだろう。

（……）青年期に辺境から遊離してささやかな言論の領土をひらいた者にたいする土着のまなざしはきびしい。とりわけこのような存在が断定を試みるとき、存在の両属性、両義性のはざまに虚偽を感じるのです。悪いことに、かかる領域に鋭敏な神経系はおおむね整序された弁論術に熟していない。身体性を切りすてた言論では勝ち目がないと観念しているから、言論能力の平衡が成り立たないところでなされる〈言論の自由〉の強調は、それ自身一種の不公正だとみなしている。にもかかわらずあくまで彼に討論を迫れば、憎悪は身体性の側へ逃避して、殺意のあるエロスにまで圧縮されましょう。これを避けるには、生活の水圧がもっとも強くはたらいている〈下級〉の思想の底面で、おたがいの情念が交信するのを待つよりほかにないわけです。(5)

ここには、現在私たちがそのただなかに囚われている、SNSによる瞬間性の社会運動とはおよそ対極的な、気の遠くなるような工作のイメージがある。運動の前線にいた時期から、白色テロルの潜在的主体こそ、谷川の工作対象の理念型だったと、言って言えないこともない。このような「情念の交信」に裏打ちされていない思想的結合や要求の一致からは、既成秩序を真に覆すに足る、深い変革は望むべくもない。「テロリズム」批判が積極的な政治的意味を持ちうるとすれば、それは「テロリスト」を忌避することとも英雄視することとも異なる、その者の前に座ってただ向き合うこの姿勢が、すくなくとも思想的に担保されている場合だけだろう。

「生活の水圧がもっとも強くはたらいている〈下級〉の思想」。この書簡で谷川雁は、この思想への接近の回路を、本島等が隠れキリシタンの末裔であることに求めている。この地域の老人がしばしば口にする「耶蘇と赤は大きらい」という言葉には、彼によれば思想の「上部」と「下部」がある。その「上部」は本音では島の外部のすべてを否定しながら、表向き「天皇の日本」に相対的な近さを認める思想。「下部」は隣人でありながら無限に遠い、「二百六十年の禁教をしのぎきった」地域のキリスト教共同体への畏怖。谷川は、本島の背に打ち込まれた銃弾に、こんな問いがはらまれていた可能性を想定してみせる。

〈言論の自由〉などひとかけらもない数世紀の間、おまえの祖先である岬の民は信仰を守りとおしたではないか。してみれば〈言論の自由〉が単一至高の価値でないことは自明である。それは内界が外界に接続するとき、外界が内界にたいしてとるぬきさしならぬ作法であって、自由な領土の一つの軸、いわば自由のY軸にすぎないのではないか。しょせん精神の秘奥は語るに語られぬ。その点でおまえの〈隠れキリシタン〉とおれの〈隠れ天皇制〉は同位なのだ。(6)

この最後の表現で谷川は、漁民の家の出である銃撃の主体が、「暴力の前での平等」の実現を通して、彼と本島の精神の最奥部における「平等」を証明することをこそ、動機としていたという考えを示唆している。この「平等」は暴力で証明されるほかなかった。実行者の〈隠れ天皇制〉は彼の思想の「上部」にすぎないが、小さな共同体内部の他者から受けてきた積年の脅威の無意識の否認に発するがゆえに、そのことが自覚されることは、ほぼ不可能だからである。

本誌（『ａｔプラス』）前号のレヴューという課題を持つこの場で、一九九〇年の谷川の発言を取り上げたのは、原武史が中島岳志との対談（「皇后が支えた近代天皇制」『ａｔプラス』二〇号、二〇一四年五月）で、今後の仕事の方向性として「九州という土地」への関心を強調していたことから、[7]谷川がこの文章で、まさにその地における「天皇対カトリックの危機をはらんだ接点」を問題にしていたことに思い当たったためである。一九五八年の現天皇の婚約の際、国家神道の宗家とキリスト教カトリックの関係に、戦争を経験した世代の人々は、現在からは想像するのが困難なほど、生々しい関心をそそられたことだろう。正田美智子がもし洗礼を受けていたらどうなったのか、天皇家のなかで聖書を読むことは許されるのかといった疑問は、谷川ならずとも、多くの同時代人の頭に浮かんだに違いない。谷川は本島宛の書簡を、予言的でもあればおそろしく両義的でもある、こんな言葉で結んでいる。

事態はあきらかです。皇族にもっと〈言論の自由〉を行使して、自分の精神生活を開示してもらわなければ、錯誤は今後も無数におこりえます。皇族の過度の沈黙は、結果として独断にもとづく代弁人を発生させ、そのあげくには被害者、加害者を問わずあたり一面傷つくことになると、この際〈下級〉カトリックの意識に立って直言していただきたいものです。(……)[8]

ここ数年、天皇、皇后をはじめ皇族たちが、個人の思想の表明の場を求めている、すくなくともそう受け取れるような所作が散見される。この現象は、自民・公明連立政権が、九条否定とともに天皇の元首化を柱とする改憲への傾斜を一気に強めつつある歴史の局面で、過渡期の徴候として、おそらく必然的に浮上してきたものだろう。しかしそのことが同時に、日本社会の一部に、「平和天皇」のイメージの誘惑が、抗し難く作用する結果ともなっている。この徴候を適切に解読するための方法を、私たちはまだ手にしていないように思われる。

たとえば二年前、石牟礼道子と皇后美智子のあいだに水俣病をめぐる交流があることを知って、私は暗い衝撃を受けた。しかし彼女たちのあいだに、彼女たちを通して、地域の、また国家の水準で、何が起きているのかということについて、自分が正確な理解を得ているという確信はなかった。石牟礼の水俣へのかかわり方に納得していなかったらしい谷川は、このような事態を予想していたのだろうか？　すくなくともここでは、長崎市長に対し、皇族に口を開くよう進言することを求めることで、彼は現在の事態を呼び招いてもいるのである。

天皇制と日本民衆という古典的なトポスに、日本赤十字社名誉総裁でもある現皇后の行動や発言を通して、キリスト教がいまや「第三者」として参入してきたことはほぼ間違いないように思われる。そしてそれが美智子という個人の人格や生い立ちを超えて、アジア・太平洋戦争をまぎれもない「宗教戦争」と考えていた天皇家の人々による、敗戦という出来事の解釈と密接にかかわっていたらしいことを、原の『皇后考』は教えてくれる。

天皇〔裕仁〕は特に、カトリックの信者が相対的に多い九州の動向に注意を払っていた。四六年七月二十七日から八月十七日にかけて、宮内省御用掛の木下道雄を九州に派遣させ、九州におけるカトリックの状況を視察させたのは、まさにその現れであった（『昭和天皇実録』昭和二十一年九月七日条）。天皇は前年の七月三十日と八月二日、宇佐神宮と香椎宮に勅使を参向させ敵国撃破を祈願させた直後に長崎に原爆が落ちたことで、九州では人心が動揺し、カトリックの信者が増えていると考えたのではないか。(9)

天皇家が公式にキリスト教に改宗することはありえそうにないとしても、皇族の誰彼が「上級」の〈隠れキリシタン〉ではないかという推測が、いまや単純に排除できなくなっている。それがとりわけ天皇や皇后にかかわる場合、「平和」や「祈り」という言葉・行為に、従来とは異なる倍音が聞こえるようになってくるだろう。その場合しかし、外観とは裏腹に、安倍政権が唱える「積極的平和主義」と戦後憲法の平和主義の上からの準キリスト教的な再解釈のあいだには、結局のところ、決定的な対立は出てこないのではないかというのが当面の私の見立てである。「積極的平和主義」という言葉の意味するところは、自衛隊が、世界のどこであれ、米軍そして／またはNATO諸国の軍隊とともに、いわゆる「人道的介入」に、たとえ国連決議がなくとも参加することで、「国際社会」における日本の政治的地位を高め、中国に対抗していくこと以外ではないからである。[10] 西洋諸国の第三世界への「人道的介入」に、さまざまなNGOの活動を含め、キリスト教的な性格があることは言うまでもない。

実定宗教としてのキリスト教は、カトリックにせよプロテスタント諸派にせよ、信徒数という点では、西洋世界で堅調とは言い難い。昨年八月のローマ法皇の韓国訪問の際、フランスのカトリック日刊紙『ラ・クロワ』が、キリスト教の未来はアジアにかかっているという内容の見出しを掲げていたように、いまやインド以東のアジア圏が、布教の最前線と位置づけられているのである。浮上しつつある天皇家とカトリックの関係も、視野を歴史的に十分大きく取るならば、このような動向とまったく無縁の事柄ではないだろう。「ヨーロッパの世界化」の特異な一契機としてこの事例を扱わなければならなくなるときは、もうそこまで来ているのかも知れない。

ジャック・デリダはこの過程を「世界ラテン化」(mondialatinisation)と言い換えた。フランス語ではglobalという形容詞にもともと「世界的」という語義はなく、英語のglobalisationはmondialisationと翻訳されてきた。しかし、このふたつの言葉、あえて日本語で対置するなら「全球化」と「世界化」はまったく同義とは言えない。「世界化」のほうにはキリスト教的な「世界」概念自体の世界化という含意があり、「世俗化」「非宗教化」「神の死」という、それ自体キリスト教に由来する観念そのものが、資本主義と科学技術による生活領域の統合の深化、民主主義および人権の概念の普及と軌を一にして、英語を媒介としたラテン語起源の諸概念を通じ、元来キリスト教圏ではない文化圏でさえ内部化されるようになっていく過程を示唆するのである。デリダの造語はこの含意を可視化したものだ。イスラームが問題とされるとき、日本を欧米の側にあっさり位置づけて怪しまない中東研究者の新世代が登場していることは、日本が「世界ラテン化」しつつあることのもうひとつの徴候だろう。

現在自明視されている「宗教」という概念自体、ラテン語キリスト教圏から発して世界化したものである。religioという言葉の語源は、キケロに遡る(キリスト教以前の)「自己への(再)結集」「再考」「内省」「敬虔」「尊敬」「羞恥」等の語義(relegere)と、(ローマ帝国のキリスト教化の後に)ラクタンティウスらによって主張された(人間同士および人と神のあいだの)「拘束」「義務」「負債」等の語義(religare)とのあいだで揺れ続けてきた。これらの語義はしかし、「まずみずからにおのれを結ぶ執拗な絆」というものの「謎を」介して、たがいに移行し合うともみなしうる。『信と知』のデリダが提案するのは、前者の語義を〈聖〉の経験に、後者の語義を〈信〉の経験に接近させつつ、ふたつの焦点を持つ楕円としてラテン的な「宗教」概念を形象化することである。それは一方では宗派としてのキリスト教を超えたこの概念の規定力の動態分析のための装置であり、他方ではいまだ、あるいはもはや、この概念が作用しないような状況、すなわち「世界ラテン化」の〈外部〉を厳密に思考するための装置でもある。(11)

このふたつの焦点、ふたつの源泉は、たとえば証言の経験のなかで交差する。

証言という現象は、この前―根源的な「信」と「無傷なもの［聖］」という二源泉が交わる地点に起こる。証言には、言葉を信じるという約束を基に、「真実を言う」という約束と「信じてくれ」という要求を含んでいる（キリスト教の世界では、証言はしばしば誓約の下に行なわれるが、フランス語では誓約を foi jurée［誓われた信］という）。たとえ嘘によって相手を欺くにせよ、「真実を言う」との（誠実な）約束が嘘の条件である。証言者は、証拠には還元しえない真実を証言している。後になって、証言した「内容」が間違いであることが判明しても、私の証言が嘘、偽証だということにはならない。私が、自分の体験したことの真実を証言したことに変わりはない。どれほど「ありえない」真実であれ、あるいはそうであればこそ、その「真実」は証拠から別扱いされるべき、無傷な、無事に、聖なるものとして護られるべきものである。証言する私は相手に、「あたかも奇跡を信じるかのように私を信じてくれ」と要求する。証言がしばしば「奇跡」の問題に行き着くのは偶然ではない。

（港道隆「世界ラテン化におけるハイデッガーとデリダ」）[12]

現在の世界で「世界ラテン化」に、もっとも執拗な抵抗を示しているのがイスラーム世界であることは疑問の余地がない。しかし、このことはただちに、イスラーム世界が、「世界ラテン化」の単純な外部に位置していることを意味しているだろうか？　たとえば証言の経験において？　そしてラテン語においても、アラビア語においても、証言の意味論と不可分な殉教の経験において？

本誌前号の橋爪大三郎との対談（「イスラームとはなにか」『atプラス』前掲）で、中田考は、みずからの信仰の立場を新カント派的なものに近づけている。[13]また、『私はなぜイスラーム教徒になったのか』では、青年期にケルゼンの『デモクラシーの本質と価値』から受けた決定的な影響について語っている。[14]このインタビューではまた、『クルアーン』の最初の翻訳者である井筒俊彦の、大きな影響を及ぼしてきた「東洋思想」というカテゴリーを批判して、イスラームの神の人格性を再確認している。[15]こうした立場表明は総体として、「アブラハム一神教」という枠組みの強調に向かうものである。

この枠組みは「世界ラテン化」とは一致しない。独自の言語文化によって、また信仰運動発生の唯一無比の始源的契機によって、ユダヤ教とイスラームはそれぞれの仕方でラテン語キリスト教圏成立の歴史的条件をなしたが、にもかかわらず、あるいはむしろそうであるがゆえに、「世界ラテン化」運動の最初から、その内部の外部を構成する、もっとも執拗な「抗体」であり続けてきた。そしてその抵抗は、ユダヤ教とイスラームのいずれにおいても、それら自身の内部分裂、内的抗争と不可分の過程でもあった。

イスラームの歴史を主体性の歴史として記述することは、「世界ラテン化」という仮説との関係において何を意味するだろう？　それは同時に、イスラームの歴史のなかで、ギリシャ伝来の哲学が意味してきたものを問うことでもある。チュニジア人の精神分析家ファトヒ・ベンスラーマは、『イスラームにおける主体性の戦争』（二〇一四年）で、一方ではイスラーム哲学の古典的文献に遡行しつつ、他方ではコロニアル・インパクト以降にイスラーム的主体が示してきたさまざまな精神的態勢を分析しつつ、私たちの眼前で進行中の事態を、ひとつの歴史的展望のもとに置くことを試みている。

ベンスラーマによれば、現在イスラーム世界で起きていることは複数のイスラーム的主体のあいだの戦争である。しかもそれは各自の実存のなかで闘われつつある戦争であって、その主体たちはいずれも、戦争状態に入る前に、「戦争によって作られた主体」なのである。

　主体概念の歴史はギリシャ語の hypokeimenon（下に置かれたもの）に遡る。ベンスラーマによれば、主としてダマスクスのアラブ人キリスト教徒の手で遂行されたギリシャ語文献の翻訳作業を介して、イスラームは主体についてふたつの異なる概念領域を獲得した。神学的な従属主体（'abd）と、哲学的な実体＝基体としての主体（mawdhû）である。啓蒙主義によって物心両面の武装を整えた西洋植民地主義によるイスラーム世界への侵略は、時間、知、真理、主権、享楽にかかわる基軸的な諸価値を破砕し、イスラーム共同体の実体（substance）、共通の基体（supposition）から、さまざまな分離が生じる事態を引き起こした。

　その原光景をベンスラーマは、一七九八年一二月一一日、カイロを占領した将軍ナポレオンが、当地のシャイフ（長老）たちを招いて開いた晩餐の席に見出している。席上ナポレオンは、アラブ人はカリフ時代には学芸をよくしたが今日ではすっかり無知になってしまい、祖先の知識は何も残っていないのではないかと問いかけた。晩餐が行われた家の当主であるシャイフ・サーダートは、自分たちには『クルアーン』が残っていると応じた。「将軍は、『クルアーン』が大砲の鋳造法を教えてくれるのかとたずねた。すると居合わせたシャイフたちは全員、ためらわずにそのとおりですと答えた。」

この場面から見て取れるのは、イスラームの神学的基体（subjectum）に風穴を開けた弾着点である。〈知っていると想定された大文字の主体〉に欠如している知に、将軍は照準を定めた。ムスリムにとってはその場所にこそ、認識の全体が含まれているはずだからだ。この場面からはまた、当時の信徒たちの否認の力も見て取れる。この否認はのちのちまで続いていくだろう、サイイド・クトゥブ〔エジプトのムスリム同胞団の思想的指導者。一九六六年、ナセル政権によって処刑される〕がこの穴のほうを見ることを禁ずるときに、また「イスラームは解決である」というスローガンを、ムスリム同胞団が掲げるときに。(16)

コロニアル・インパクトは、イスラーム世界の統合的構造に、啓蒙派の登場とともに、深刻な分裂をもたらした。知的エリートの一部は、イスラームの衰頽を認識しながらもイスラーム的理想を堅持する可能性を追求したが、共同体的実体からの彼らの主体の分離、脱同一化が不可避となったとき、民衆とのあいだに決定的な乖離が生じた。

この動向への反動は、やがて同じ知識人層のうちで起こる。西洋諸国の植民地主義的抑圧、啓蒙的理想に対する裏切りがはっきりするにつれて、啓蒙派の一部は憤怒とともに伝統への回帰の道を選ぶ。共同体の超自我との再同一化に向かうこの潮流を、ベンスラーマは逆啓蒙派（contre-Lumière）と呼んで、伝統ではなく、イスラームの始源への回帰を唱える反啓蒙派（anti-Lumière）と区別する。

第一次世界戦争ののち、オスマン帝国の解体とともに、イスラーム世界に、一世紀後の今日、全面的に現勢化することになったひとつの過程が開始される。トルコの啓蒙派によってカリフ制が廃止された一九二四年の五年後に、エジプトでムスリム同胞団が結成される。反啓蒙派による「超自我的問責」の機制が、イスラーム社会のなかに、次第に強力に作動するようになっていく。

コロニアル・インパクト以後の時代には他の非西洋圏でも多かれ少なかれ見られた以上のような構図において、とりわけイスラーム世界を特徴づけるものは何だろうか？　それは伝統への回帰と始源への回帰を隔てるもの、イスラームの歴史をムスリム自身が一方向的な頽落の過程として表象するとき、「宗教」の焦点のひとつである〈聖〉の引力に身を委ねた者が、破壊しなければならなくなるものの大きさなのではないだろうか。無傷の、一なる、純粋な、預言者の時代のイスラームを復元するためには、アラブ哲学の合理主義的遺産はすべて否定されなければならず、さらには聖典の神学的解釈までが拒否されなければならない。そのような要請がいわゆる直解主義を動機づけており、それだけが知識人のイスラームと民衆のイスラームの統合の道とみなされているのだが、それは同時に、イスラームの〈自己〉自身に向けられた、残酷な自己免疫的欲動に道を開くことでもある。

「宗教」のもうひとつの焦点、〈信〉の構造の転換は、アラビア語における殉教をめぐる語彙の変化のうちに確認される。ベンスラーマは、極度に暴力的だった脱植民地化の過程においても、自殺が教義上厳しく禁じられているイスラーム世界では、いわゆる自殺攻撃がほとんど見られなかったことに注意を促す。ジハード（聖戦）における死によってムスリムは殉教者となり天国が約束される。しかし、伝統的な規範によればそれはあくまでも結果であり、殉教者になることはありえても、個人の意志で殉教することはできない。それは人間には知られざる神の意志にとって代わろうとする冒瀆的な振る舞いでさえある。

ところが一九八〇年代以降、まずレバノン内戦のなかで、シーア派武装組織が自爆攻撃を戦術化する。この戦術はやがて占領下のパレスチナで、アフガニスタンで、そしてとりわけイラク戦争後のイラクで、さらにはアフリカ諸国で、スンナ派の武闘派によっても採用されていく。このような戦術の採用は膨大な志願者の存在を前提とする。こうしてアラビア語で「殉教する」という動詞の能動形が頻繁に用いられるようになる。ベンスラーマによればそれは、イスラームにおける〈信〉の構造の核心に起きた、近年の激震の徴候なのである。

哲学が少しでも混入するとイスラームの純粋な源泉が毒される」とサイイド・クトゥブは言う。この言葉にベンスラーマは、ロゴスの中立性を唱えた一二世紀のアンダルースの哲学者イブン・ルシュド（アヴェロエス）の、『聖法と叡智の関係を定める決定的議論』における主張の殊更な否定を見る。クトゥブにとっては『クルアーン』に含まれている絶対的理性以外に理性はない。それが「神よりほかに神はない」というイスラームのシャハーダ（信仰告白＝証言）の意味だとされる。「普遍的理性の名のもとに、人間的なものが〈主体〉の唯一の場に入り込んではならない。そうなると〈人間〉は、基体に支えられるものではなく、支えるものになってしまう」からだ。自己供犠と解釈し直された殉教は、こうして、「主体なしにおのれを投げ出すこと」（subjection sans sujets）となる。「啓蒙精神には、おのれの基底（substrat）を守るために身を捧げる用意のある身体の精神を対立させなければならない。ここで働いている過程は脱同一化でも再同一化でもなく、共同体の超自我への、超同一化なのである。(17)

ベンスラーマの分析の細部についてはさまざまな議論がありえよう。とはいえ、現代イスラーム世界の内的抗争を、精神分析とイスラームを相互的な試練にかけることを通して主体性の歴史のなかに位置づけようとする彼の作業には、正常／異常、本来性／非本来性、正統／異端、暴力／非暴力等の二分法によらずに状況を思考するために不可欠な洞察が豊かに含まれているように思われる。彼自身がこの戦争のただなかで、みずからの表現によれば、「ペンを握る兵士」として闘っているのである。

無傷なもの、清浄なものとしての〈聖〉の誘惑は、どんなアイデンティティ形成のなかにも働いている。政治的自己決定もまた、その固有の契機において、自己免疫の機制と無縁ではない。絶対的に安全なこと、危険を免れていることは、かえって「平和」を脅かす。換言すれば、つねに他者との平和である「平和」は、〈聖〉の誘惑に、つねに抵抗しているはずである。

「平和」を求める民衆運動が、幾世代にもわたり、多くの代価を払って蓄積されてきた地域では、内的な主体の戦争の、自己供犠の、自己免疫の残酷さを、逃れ、かわし、きわどく避けつつ生き延びていく知恵が、人々の言葉、身ごなし、表情のひとつひとつに感じられる。國分功一郎が証言する沖縄の辺野古米軍基地建設反対闘争は（「辺野古を直感するために」『ａｔプラス』前掲）、疑いもなくそのような運動のひとつだろう。(18) 満身創痍の沖縄は、まさにその意味で、「平和」の知恵が息づく群島である。

註

（1）Alain Badiou, «Le Rouge et le Tricolore», in *Le Monde*, janvier 27, 2015（アラン・バディウ「赤旗とトリコロール」、『ル・モンド』、二〇一五年一月二七日、箱田徹訳、『現代思想』、「シャルリ・エブド襲撃／イスラム国人質事件の衝撃」、二〇一五年三月臨時増刊号）。

（2）Jean-Jacques Rousseau, *La Lettre sur la Providence, citée dans Collection littéraire Lagardet Michaud*, XVIIIe siècle, Bordas, 1985, p.157.

（3）Pascal Ory, «La référence française est en déclin», in *Libération*, 19 mars 2015.

（4）谷川雁「『読書新聞』事件への抗議」（『無《プラズマ》の造型』、潮出版社、一九八四年）参照。

（5）谷川雁『極楽ですか』、集英社、一九九二年、三八―三九頁。

（6）同書、四一―四二頁。

（7）『ａｔプラス』、二四号、一六頁以下。

（8）谷川雁『極楽ですか』、前掲、四三頁。
（9）原武史『皇后考』、講談社、二〇一五年、五六八―五六九頁。
（10）鵜飼哲「「戦士社会」と「積極的平和主義」――アルジェリアから〈戦争の現在〉を考える」、『戦争思想2015』、河出書房新社、二〇一五年。本書所収、九五頁。
（11）Jacques Derrida, *Foi et savoir, suivi de Le Siècle et le Pardon*, Seuil, 2001（ジャック・デリダ「信と知――たんなる理性の限界における「宗教」の二源泉」、湯浅博雄・大西雅一郎訳、未来社、二〇一六年）
（12）http://heideggerforum.main.jp/ej1data/sekaihd.pdf
（13）『ａｔプラス』、前掲、五五頁。
（14）中田考『私はなぜイスラーム教徒になったのか』、太田出版、二〇一五年、一〇一―一〇二頁。
（15）同書、一七四頁。
（16）Fethi Benslama, *La guerre des subjectivités en islam*, Lignes, 2014, p.39-40.
（17）*Ibid.*,p.34.
（18）『ａｔプラス』、前掲、二八頁以下。

パレスチナ連帯デモが禁止される国から
――フランス『共和国の原住民党』の闘い

『インパクション』197号　2014年11月

半年前からフランスに滞在している。二〇一四年、日本からフランスに移動するとはどういうことか？　ひとつの原発大国からもうひとつの原発大国に移動すること。急ピッチで戦争準備を進めている国から戦争をしている国に移動すること。政治、経済、文化の人種主義的、植民地主義的構造を脱却できない、没落しつつあるひとつの帝国主義国から、同様の歴史的状況にあるもうひとつの帝国主義国に移動すること。しばしば対照的な国だと思い込み、たがいに幻想を投影し合った過去一世紀半の時間がすべて幻だったのではないかと思われるほど、この二つの国が似ていることに、私たちはいま気づきはじめている。

第一次世界戦争開戦一〇〇年のこの年、フランスは相変わらず中東に関与している。中東とは何か？　ありうる回答のひとつは、第一次世界戦争がいまだ終っていない地域というものだろう。この戦争の結果一九二〇年に誕生したイラクという国家は、近年の二つの侵略戦争、湾岸戦争（一九九一年）とイラク戦争（二〇〇三年）によって破壊され、「イラクとシャームのイスラーム国」（ＩＳＩＳ）の登場とともに、いまや実質的に消滅した。

少なくとも二〇〇六年に遡ると言われるこの組織の起源、形成過程についてはいまだ不明な部分が多い。イラクのいくつかの戦略的に重要な地域のスンナ派の氏族共同体に基盤があること、旧イラク軍の将校が軍事指揮を取っていること、バース党政権崩壊後に米英占領下で政治的地位を獲得したシーア派およびクルド人勢力の排除を戦略目標にしていることは確からしい。また、シリア側にも重要な拠点を築いており（「イスラーム国」の首都とされたラッカはシリア北東部に位置する）、もはやイラクの国内勢力とはみなせない。

この組織の行動について伝えられるところを信じる限り、政治的、思想的に共感を寄せることは問題にならない。トルコ国境に接する町コバーニーでは現在（一〇月二十五日）、ＩＳＩＳに対するクルド人の防衛戦が続いている。パレスチナ解放人民戦線（ＰＦＬＰ）をはじめ中東の左派勢力は、クルド民主連合党（ＰＹＤ）を中心としたクルド人の抵抗闘争への支援を挙って呼びかけている。その一方で、政治学者ピエール＝ジャン・リュイザールが指摘するように、シリアとイラクにまたがって支配地域を拡大したＩＳＩＳによって、彼らが「サイクス＝ピコ境界線」と呼ぶ両国国境が部分的に廃棄されたこととの歴史的意味については、別途考えておかなければならない(1)。

一九一六年五月、イギリスの中東学者マーク・サイクスとフランスの外交官フランソワ＝ジョルジュ・ピコの間で、同盟国ロシア、イタリアの合意のもとに、戦後のオスマン帝国領分割計画案が作成される。翌年一〇月の革命でロシアの権力を奪取したボルシェビキはこの外交文書を暴露するが、戦局の推移によって少なからぬ影響を被りつつも、一九二〇年のサン・レモ会議を経て、大筋のところ国際的承認を得るに至る。こうしてイギリスはイラク、トランスヨルダン（現ヨルダン）、パレスチナを、フランスはシリア、レバノンを、「委任」統治その他の名目で「勢力圏」に収めることになる。この秘密協定以前にイギリスは、預言者ムハンマドの直系の子孫とされるメッカのフサインに、オスマン帝国に対する反乱に立ち上がることと引き換えに、アラブ王国の建国と、トルコ人に代わってアラブ人をカリフの地位につけることを承認、支持する約束をしていた（一九一五年、フセイン＝マクマホン協定）。そのうえさらに、世界シオニスト機構とは、戦争継続のための資金援助と引き換えに、パレスチナへのユダヤ人の「民族的郷土」(national home) 建設を支持することに合意したのである（一九一七年、バルフォア宣言）。現在もなお、そしてこれからも長期にわたり、世界の激動の中心であり続けるに違いない中東の不幸は、一〇〇年前の戦争における、英仏帝国主義の欺瞞的策動に端を発している。

一九九〇年のイラクによるクウェート侵攻、併合も、アラブの統一を掲げるバース党政権にとっては、このときの帝国主義的分割支配の「負の遺産」を清算するという名目があった。この戦争以後二〇数年の悪夢のような政治＝軍事的過程を経て、クウェートではなくイラクの消滅とともに、そして東方キリスト教諸派やヤズディ教など、少数派の宗教共同体の壊滅とともに、アラブ・ナショナリズムの夢は、サッダーム・フセイン体制の元将校たちに率いられたイスラーム主義組織によって、残酷なアイロニーのかたちで実現されつつある。

シリアでＩＳＩＳによってアメリカ人のジャーナリストが二人、イギリス人のＮＧＯ活動家が一人、そしてアルジェリアで「イスラーム国」を名乗る正体不明の集団によってフランス人の旅行者が一人殺害されるに及び、いまやＩＳＩＳはアルカーイダに代わり、西洋世界の最大の敵対勢力とみなされるに至った。それと同時に、他のヨーロッパ諸国同様フランスからも、個人で、あるいは家族ぐるみで、ＩＳＩＳに合流するために出国する人々が増えている。この成り行きに危機感を募らせたフランスのムスリム指導者は、九月一五日、ムスリムの立場からＩＳＩＳを告発する共同声明を発表した。この組織による「テロリズム」を弾劾し、彼らがイスラームと無縁の集団であることを公認の宗教的権威の名において確認したこの声明には、以下のような文言が含まれていた。

私たちは、平和と正義に焦がれるすべての市民に、その信仰および思想信条の如何を問わず、今日かつてなく、テロリズムと凶行に対する団結を示すこと、対話と連帯によって「文明の衝突」論者の台頭を阻止するために休みなく働くことを呼びかける。

私たちは、これらのテロリストに合流する誘惑にかられかねないフランスの若いムスリムたちに、自分たちが共犯者になりうる犯罪の規模の大きさを、このような共犯が神に対し、また人類に対し意味する責任の重さを意識するようにとの呼びかけを繰り返す。

私たちは、『ダーイシュ〔ISISのアラビア語の略称―引用者注〕』の犯罪規模、その物質的手段の潤沢さについて、国際社会に対し、この組織の支援網の責任の所在と手段の出所に関する調査を急ぐように呼びかける。(2)


フランスの平均的な世論からすれば穏当な立場表明に違いないこの声明に、ただちに鋭い批判を差し向けたのは、移民運動の左派組織『共和国の原住民党』（PIR）だった。PIRの結成は二〇一〇年、運動体としての形成は二〇〇五年に遡る。一九四五年五月八日、アルジェリアのコンスタンティーヌ、セティフで起きた独立要求デモの大弾圧六〇周年の機会に発表された声明「私たちは共和国の原住民である」には、フランスは現在もなお植民地主義国であること、現行の共和制を前提とした反人種差別運動はそのことのために歪曲を免れないこと、その倒錯的帰結はヴェール着用禁止法にフランスの左派勢力の大半が賛同したことに顕著に現れていること、そしてフランス・イスラーム宗務評議会が内務省の管轄下で設置されたことは「イスラーム管理の植民地主義的メカニズム」の再版にほかならないことが主張されていた。党のロゴとしては、二〇〇八年一二月、バグダードを訪問したアメリカ大統領ブッシュに対し、イラク人ジャーナリストのムンタザル・アル＝ザイディが、記者会見場で、自分の靴を投げつけて抗議した行動にちなみ、靴をつかんで振り上げた手の図柄が選ばれた。

公認イスラーム諸団体の指導者たちの今回の声明に対するPIRの批判の主旨も、結成時の立場表明の延長上で理解することができる。ISISがおぞましい集団であることは疑問の余地がないとしても、その出現の歴史的条件がNATOによるイラクの破壊だという事実がまったく不問に付されていること、そのことが同時に、西洋諸国によるイラク、シリア爆撃を「反テロリズム戦争」の名のもとに歓迎する論理を導いていることが的確に指摘されている。この声明ではイラク情勢が政治的観点からではなく宗派間紛争というオリエンタリズム的観点から記述されており、「文明の衝突」論から距離を取るようなポーズを示しながら、実はその陥穽にみずから陥っている。ISISの凶行に対してムスリムに申し開きをせよという社会的圧力にこそ抵抗しなければならないところで、フランスの多数派社会と国家の意を受けて域内宥和を呼びかけることは、まさに「イスラーム管理の植民地主義的メカニズム」の片棒を担ぐことにほかならない。批判は次のように締め括られている。

この呼びかけの推進者たちは、自分たちが繰り返し跪くことが、中期的ないし長期的に、西洋帝国主義とイスラーム嫌悪の拡大に対し、何らか有効性がありうると思い込むほど鈍感なのであろうか？　そうではない！　「反テロリズム戦争」は、このようにして、全体主義的かつ破壊的なその支配の拡大に向かうのである。最低の否認にいたるまで平身低頭することを彼らは求められるだろう。これらすべての理由から、この呼びかけの自殺的で恥ずべき戦略に対しＰＩＲは叛旗を翻す。この呼びかけはフランスのムスリムの声を破廉恥にも簒奪するばかりでなく、その作成者たちが国家装置のなかで昇進することをも狙っているのである。すべてが「フランスのイスラーム」と呼ばれるあの奇妙な審級の強化に行き着くのであり、まさにそのことによって抑圧装置は、フランスのムスリムを原住民の地位に縛りつけることができるのだから。(3)

このような認識、批判は、現代フランスの特殊事情を超えて、現在の世界で広範に見られる構造を照射するものではないだろうか。植民地支配に起源を持つ政治＝社会状況において、容認し難い暴力的事態や抑圧的行為が発生すると、そのことを口実に、歴史的被抑圧者の側が「身の潔白」の証明を迫られ、分断を強いられることになるという構造である。同様の構造が日本でも、とりわけ朝鮮学校の民族教育権をめぐって、この間鮮明に浮かび上がってきたことについては、あらためて強調するまでもないだろう。

ＰＩＲの主要メンバーの一人、ユースフ・ブースーマは筆者の留学期以来の友人で、パレスチナ連帯運動のなかで定期的に顔を合わせてきた。この若い組織は、彼の世代が経験した一九八三年の「平等のための行進」以来三〇年にわたる移民系社会運動の、いくつもの曲折を経て結成されたのである。ミッテラン政権期に登場した「ＳＯＳ反人種差別」などフランスの反人種差別運動は、移民系社会運動のイニシャティブを簒奪し、既存の政治構造のなかに水路づけ、ヴェール禁止法やパレスチナ問題など決定的な課題に直面するとあっさり裏切ることをためらわない。共産党や労働総同盟など伝統的な新旧左翼組織も、二〇〇一年〈九・一一〉以後の時代状況のなかで、移民系青年層の思想や欲求を代表するには、思想も意志も能力も、あまりに貧弱であることが明らかになった。いまや自分たちの主張をストレートに打ち出せる自律的な組織、社会空間の創出が不可欠だ――この認識のうえに、ひとつの政治組織として自己確立することで、ＰＩＲは移民系社会運動の決定的な質的飛躍を図ったのである。そして、現在のフランスの社会運動のなかで、もっとも活力のある運動体のひとつに成長した。そのことがはっきり示されたのは、この夏の、イスラエルによるガザ虐殺に対する抗議行動のなかでだった。

七月。「境界防衛作戦」と自称する大量殺戮が続くなか、パリでは一三日に初の大規模な虐殺弾劾・パレスチナ連帯デモが行われた。第一次インティファーダ（一九八七年）の時期はレピュブリック広場に集合、一八区の移民集住地区に向かって北上し、バルベス＝ロシュシュワールで参加者が急増したのち西に進み、オペラ地区で解散というコースが定番だった。この日はバルベスが集合地点だった。地下鉄二号線の駅は、パリ市内および郊外の「移民地区《カルチエ》」から駆けつけた群衆で溢れていた。この数日、怒り、悲しみ、不安、焦慮、孤立感に苛まれていた人々がはじめて一堂に会した瞬間。若者、女性、そして非ヨーロッパ系の人々の姿が目立つ。デモコースはレピュブリックを経てバスティーユまで、ほぼまっすぐ攻め下る形になる。途中で驟雨に合いながら、デモは最後まで貫徹された。

罠は解散地点に仕掛けられていた。シオニストの極右組織「ユダヤ防衛同盟」（ＪＬＤ）が若い参加者たちを挑発する。若者たちはバスティーユ広場からロケット通りへ彼らを追いかける。ＪＬＤは通りの入口から数百メートルの距離にあるシナゴーグに逃げ込む。そしてこの一連の経過を、反ユダヤ主義者によるシナゴーグ襲撃事件として訴えたのである。

マスメディアはＪＬＤの「証言」を検証なしに追認し、デモの中身にはほとんど触れずにこの「事件」のみを大きく伝えた。社会党オランド政権は何の根拠も示さずにこの「事件」を事実と認定し、一九日に予定されていた次回のパレスチナ連帯デモを禁止した。ヴァカンスで人がまばらになり始めた首都で、フランスの政治権力とパレスチナ連帯運動が、正面から衝突する事態が生じたのである。

この困難な局面で明快な経過説明を迅速に公開したのはPIRであり、とりわけインターネットTVで、ユースフ・ブースーマと「平和のためのフランス・ユダヤ人連盟」のミシェル・シボニーが行った対談だった(4)。マスメディアもやがて、JLDがイスラエルと米国(!)で、人種差別団体として活動を禁止されていることが明らかになるにつれて報道姿勢を変えていった。しかし、イスラエルのガザ虐殺を正当防衛として公然と支持したオランド＝ヴァルス政府は、デモ禁止令をついに撤回しなかった。

七月一九日。集合地点は複数予告された。バルベス以外に北駅前広場にも人々は集まった。政府による禁止措置に直面して心理的圧迫を受けている様子は、どの参加者の表情にもうかがえなかった。今回の事態に限らず、反サルコジ世論の期待を背負って登場しながら、政治＝社会情勢に二年間何の積極的変化ももたらせずにいる社会党政権の正統性が、いまや完全に地に堕ちていることは明らかだった。抵抗は自然体で、ごくあたり前のこととして実行された。

北駅前では共和国保安隊(CRS)との長い対峙が続いた。バルベスでは南下を阻止されたデモ隊は北に向かって行進を開始、シャトー・ルージュで治安部隊と衝突して一九名の逮捕者が出た。北駅にいた人々は南に向かって動きはじめ、車のなかから、あるいは沿道の住居のバルコニーから、しばしば連帯のエールを受けながら、市中心部のレアール広場まで、スローガンを唱和しつつデモを貫徹した。禁止令は粉砕されたのである。

このデモ禁止措置には、しかし、フランスにおけるパレスチナ連帯運動の分断を図るという政権側の意図が含まれていた。その効果はただちに現れた。共産党を中心とした伝統的左派勢力が結集する「パレスチナの正当かつ持続的な平和を求める全国連合」と、パレスチナ人の諸団体、ＰＩＲ等の移民系青年層中心の運動体のあいだには、そもそもパレスチナ問題の解決の方向をめぐって深い意見の相違が存在する。前者のグループはパレスチナ西岸の自治政府をパレスチナ人の正統な代表として即時の国家承認を求め、後者のグループは、その根拠はさまざまながら、ハマスその他の解放勢力による武装闘争を支持することで一致している。前者のグループは一九日の禁止されたデモの呼びかけに加わらなかった。それでもなお、このような分断を超えて、パレスチナ支援の意志を持つあらゆる組織、あらゆる人々の統一行動の可能性をあくまで追求することが、このような運動構造のなかで、ＰＩＲがみずからに課した任務のひとつなのである。(5)

七月の闘いの渦中にＰＩＲは、タブロイド判一二頁の冊子「パレスチナの抵抗万歳」を機関誌の号外として刊行した。その内容から、この組織の思想性、目指す闘いの方向性が見えてくる。そこにはこの間フランスだけでなく、世界のパレスチナ連帯運動のなかで問われているハマスの武装闘争に対する評価について、前回のガザ爆撃の直後、二〇〇九年一月にまとめた見解が、「われわれはハマスおよび他の武装抵抗勢力を支持する、その理由は……」という表題のもとに再録されている。そこに列挙された総計一五の根拠の大意を、以下訳出することにする。

イスラエルによるガザ市民の虐殺は、パレスチナ民衆全体に恐怖を与え、ハマスからの離反を強い、武装抵抗を放棄して西岸の自治政府に従属させることを目的としている。ハマスは民主的選挙によって選ばれた正統な代表であり、パレスチナ全土の解放という目標を放棄していない。ハマスおよび他の抵抗勢力による武装闘争は、一九四八年のようにパレスチナ人を追放することはもはや不可能だということをイスラエルに思い知らせるうえで不可欠であり、抵抗がなければパレスチナ人民は存在しない。ハマスを明確に支持しないことは、交渉だけが解決の道であるという思想攻撃に屈服し、ジュネーブ条約で占領下の民衆に認められた武装自衛の権利の放棄を受け入れ、反イスラーム的なイデオロギーとの対決を回避することに等しい。われわれはパレスチナ解放運動が実効的な抵抗運動をベースに統一されることを望む。ヴェトナム、アルジェリアその他の抵抗運動は、反植民地主義という一点で、思想傾向の違いを超えて支持されてきた。当時と同様現在においても、植民地戦争では断固として被植民者の側を支持しなければならない。イスラエルに対しわれわれは西洋の罪責意識を共有するいわれはなく、ただ植民地国家として対決するのみである……。

くどいほど詳細なこのような立場表明は、一組織の主張の表現であるばかりでなく、ヨーロッパ系リベラルからハマスだけを支持するムスリム系諸団体にいたる、フランスのパレスチナ連帯諸団体の矛盾に満ちた多様な広がりから運動的に有効な合力を構成するための、PIRの工作の前提となる作業であることを理解しなくてはならない。反植民地主義のトータルな再肯定、そしてフランス社会自体の脱植民地化、真に非植民地主義的なフランスの建設、いかに遼遠であろうとそのような目標の光で現在の足下をしっかり照らさない限り、とめどのない思想の崩壊、立場の後退は避けられない。アラブ系、アフリカ系等の出自の違いを越えて、移民系の青年たちの相互理解と課題共有のためのプログラムを提示し、他の時代、他の地域、他の民族の解放闘争から貪欲に学ぼうとする姿勢も、PIRのイニシャティブの注目すべき特徴である。

逆に言えば、慢性的な失業に苦しみ、日々容姿や肌の色で選り分けられ、警官の手荒な職務質問を受けている、社会的展望をまったく奪われた移民系の青年たちに、国外の不毛な戦争に参加するのでもなく、フランス人左派への失望から極右・国民戦線に投票するのでもない、フランスでみずからの政治＝社会的解放を賭けて闘う道筋を示すことが、PIRの闘いの主要な目的なのである。歴史認識をめぐる文化闘争であり、一面教育運動でもあるその活動の中心に、パレスチナ連帯運動が位置づけられていることの意味もそこにある。

オランド＝ヴァルス政府は、パレスチナ連帯デモ禁止の理由を三点挙げていた。第一にフレームアップされた「シナゴーグ襲撃」の再発防止、第二に治安壊乱の予防、そして第三に中東紛争の輸入阻止というものである。PIRは前述の機関誌号外で、この三点目の論拠に批判を集中した。

オランドとその一派は、フランスの領土にアラブ人とユダヤ人の宗教的な、共同体間の「紛争」が輸入されようとしており、「共生」の名においてそれを阻止することは共和主義の義務であると信じ込ませようとしている。これが公式見解である。現実はまったく違う。ひとつの人種差別主義国家がもうひとつの人種差別主義国家を、植民地政策において支持しているのだ。ガザのパレスチナ人の命はどうでもよく、フランスのビコ〔アラブ人の蔑称―引用者注〕のデモは禁止しなければならないという、同じ原則の名において。（中略）フランスは当事者である、イスラエルの犯罪を、領土内でのシオニスト団体の活動を支持している以上。フランスは当事者である、この支持が帝国主義的な自国の歴史と現実を反映し、暗い過去と現在も微妙なかたちで存続する反ユダヤ主義にもかかわらず、シオニストがそこにおのれの姿を認めることができる限り。オランドがなぜ極右シオニストの前で這いつくばるのかを説明するのに、強大な「ユダヤ・ロビー」を持ち出す必要などまったくない。（人種的、文明的、植民地主義的な）「自然な」類縁性と、帝国主義内部の連帯と力関係のなかに位置づけるべき政治的選択の問題なのだ。（中略）反植民地闘争は、パレスチナの解放と〈もうひとつのフランス〉の約束を、等しく賭けに投ずる。まとめよう。フランスのイスラエル支持と植民地に出自を持つ人々の国内における扱い、パレスチナの大義とフランスにおける原住

民の闘争はつながっている。何も輸入などされていない！(6)

まさにここが、ＰＩＲの立場がフランスの左派系組織や知識人の標準的なオランド政権批判と分岐する点である。中東紛争の輸入を阻止するという政権側が掲げる目的には賛同を示しつつ、デモの禁止という手段だけを、それが逆効果であり、かえって共同体間の葛藤を煽る結果になるという理由で批判する立場は、ＰＩＲから見れば、現行共和制内部の、結局のところ仲間内の異論の域を出ていないのである。目的そのものが、その前提が、そもそも間違っているのだ。この夏のフランスの一連の事態のなかで、この一点を正確に把握していた人々だけが、尖鋭かつ正確に、説得力のある言葉と行動によって、状況に応答することができたのだった。

＊

『インパクション』休刊前の最後の号にフランスからどんな文章を送るべきか、試行錯誤の時間が続いた。結果的に、編集委員として関与した時間より以前の、一九八〇年代のかかわりのほうに気持ちが向かっていった。

私がはじめて公のメディアに文章を発表する機会を与えられたのはほかならぬ本誌上である。当時留学中だったフランスから、社会運動、思想状況の時評的な記事を送っていたのである。人種差別、移民運動、そしてパレスチナとの連帯は、当時すでに、これらの報告の基軸をなしていた[8]。

一九八二年九月、ベイルートのパレスチナ難民キャンプで虐殺が起きた際のジャン・ジュネによるルポルタージュ、「シャティーラの四時間」の拙訳が本誌に掲載されたのも、このような関係性のなかで可能になったことである。二〇〇一年〈九・一一〉の出来事の際も、やはりフランスで最初の論評を記して本誌に発表している。

ここに報告した今夏の出来事に立ち会うなかで、この国で私の身体、精神、感性をもっとも深いところから揺さぶるものは、ほぼ変わっていないことに気づく。そのことは、私ばかりでなく、世界が、時代が、多くの変化にもかかわらず、相変わらず同じ問いの前に立たされていることを示しているように思われる。

かつても今も、私たちは「テロルの時代」に生きている。帝国主義、植民地主義の歴史と現在について、可能な限り明晰な認識を得る努力を日々怠らないことが、個々の暴力的現象を前にした知的、感性的な「呆然自失」から、私たちの存在を守るのである。『共和国の原住民党』の闘いは、何よりそのことを、私たちに教えているように思われる。

註

（1）「イラクとシャームのイスラーム国」については、とりわけ以下の報告、論評を参照している。

―Jean-Pierre Luizard, «Irak, une décennie de violence (2003-2014) », in *Nouvelles guerres – l'état du monde 2015*, sous la direction de Bertrand Badie et Dominique Vidal, La découverte, 2014

―Jean-Philippe Filiu, «La clé de la défaite djihadiste se trouve en Syrie plus qu'en Irak», *Médiapart*, le 21 août 2014

―«L'Irak existera-t-il ?», dialogue entre Jean-Pierre Luizard et Abdelwahab Meddeb, *Cultures d'islam*, France Culture, le 17 octobre 2014

（2）«Appel des musulmans de France» (http://www.uoif-online.com/communiques/appel-musulmans-france/)

（3）« Un curieux « appel des musulmans de France » contre l'EIL mais pas contre la nouvelle expédition militaire occidentale» (http://indigenes-republique.fr/un-curieux-appel-des-musulmans-de-france-contre-leil-mais-pas-contre-la-nouvelle-expedition-militaire-occidendale/)

（4）Youssef Boussoumah, «Mise au point concernant les provocations de la milice sioniste LDJ lors de la manifestation de soutien à la résistance palestinienne» (http://indigenes-republique.fr/mise-au-point-concernant-les-provocations-de-la-milice-sioniste-ldj-lors-de-la-manifestation-de-soutien-a-la-resistance-palestinienne/)

Michèle Sibony et Youssef Boussoumah, «Incidents synagogue : nouvelles révélations», Oumma TV, le 16 juillet 2014 (http://www.youtube.com/watch?v=gyHQUZhsgmU)

（5）一〇月九日、フーリヤ・ブーテルヂャとユースフ・ブースーマは連名で、「ガザ世代二〇一四——争点と戦略」と題した今夏の闘争の総括的論評を発表した。残念ながら紙幅の関係でここで触れることはできないが、非常に精緻な分析が提示されている。Houria Bouteldja et Youssef Boussoumah,«Gaza génération 2014 – enjeux et stratégies» (http://indigenes-republique.fr/generation-gaza-2014-enjeux-et-strategies/)

（6）«Valls, Hollande : de quelle importation parlez-vous?» in *Vive la résistance palestinienne* (*L'Indigène de la république*, n°spécial) p.11, juillet 2014

（7）Etienne Balibar et als, «Trop, c'est trop ! Il faut des pressions sur Israël», (http://www.humanite.fr/trop-cest-trop-il-faut-des-pressions-sur-israel-549777)

（8）八〇年代に『インパクション』誌に執筆したのは以下の文章である。当時、「高辺明良」というペンネームを使うことがあった。

四二号（一九八六年七月）海外ブックレビュー「反第三世界主義者に反対する」イブ・ラコスト著（鵜飼哲）

四三号（一九八六年九月）ジャン・ジュネのパレスチナ——「ある恋の捕囚」から（高辺明良）

四五号（一九八七年一月）「こんなことはもう二度と」——フランス学生運動の苦い勝利（高辺明良）、本書所収、二〇六頁。

四八号（一九八七年七月）「十二月」を可能にしたもの——フランスの「異邦人」と「SOSジェネレーション」（高辺明良）、本書所収、二一〇頁。

五一号（一九八八年二月）シャティーラの四時間　ジャン・ジュネ（鵜飼哲訳）

五七号（一九八九年四月）インティファーダ、パレスチナの新しい〈顔〉——「パレスチナ民衆蜂起とイスラエル」（高辺明良）、本書所収、二〇一頁。

六三号（一九九〇年四月）特集・変貌する世界とマルクス主義——九〇年代の可能性　討論会
社会党政権と社会運動——フランスの教訓　鵜飼哲
六五号（一九九〇年八月）九〇年代の社会＝労働運動と移民運動——新しい闘争サイクルの分析　トニ・ネグリ（鵜飼哲訳）

一月七日以前——アラブ人の友人たちとの対話から

『現代思想』2015年3月臨時増刊号　総特集＝シャルリ・エブド襲撃／イスラム国人質事件の衝撃

二〇一五年の年明けからまだ一月あまりしか経っていない。しかし、一月七日から九日にかけてパリで起きた惨劇から「イラクとシャームのイスラーム国」（以下「イスラーム国」）による日本人人質二名の殺害にいたる事態の展開を前にして、いくつもの歴史的、地政学的コンテクストが衝突し、急速に化学変化を起こし、ドラスチックな融合の段階に入ったのではないかという思いを禁じえない。この渦中にいる誰もが自分が何をしているのか分からない、そんな状況が生まれつつあるのではないか。ちょうど一世紀前、第一次世界戦争の渦中にいた人々が、政治家、軍人、民間人の別なく、何のための戦争なのか、自分たちが何をしているのか、もはや不明の暗闇のなかで戦っていたように。

〈大戦争〉の歴史は深淵である。覗き込もうと近づき過ぎる者は眩暈に襲われる。この底なし井戸に、引き寄せられ、惹きつけられて。

二〇年前から、私はこの深淵を探索してきた。そしてそこに怪物を見出した。薄闇のなかのそれは、はじめはよく見えなかった。それから私はそれを認めた、〈私たち〉を認めた。この怪物とは、諸民族の霊（génie）である。それは私たちの恐怖であり、下劣さであり、また偉大さでもある。歴史のどん底から、怪物は私たちをからかっている。「もうやりなさんなよ……」と。

今日、シリアの包囲された町の近郊で、手作りの臼砲と、廃墟と化した建物の裏庭で製造された砲弾は、一九一五年、塹壕戦に適した大砲がなかったフランス兵が、大急ぎで間に合わせた武器類に、奇妙なまでによく似ている。（……）(1)

二〇年前、フランスで〈大戦争〉（la Grande Guerre）と呼ばれる第一次世界戦争の元兵士のなかには、まだいくらか存命者がいた。写真家のディディエ・パルゼリは、各国の生き残りたちを訪ね、彼らの肖像を撮った。開戦一〇〇年の二〇一四年、当時〈ポワリュ〉と呼ばれたフランス兵が戦場に旅だっていったパリ東駅の構内には、フランス人、ドイツ人、イギリス人、ロシア人、トルコ人、オーストリア人、セルビア人、アメリカ人、アルジェリア人、セネガル人の元兵士の写真と証言が、長いあいだ展示されていた。先に引いたのは、写真家がこの展示のカタログに寄せた、序文のなかにある文章である。

ヨーロッパで一〇〇年前生じたことが、中東ではいまも生じている——この文章をそのように理解するとすれば、それはおそらく筆者の本意ではないだろう。そもそも現在の中東の状況は、ほかならぬこの戦争に由来するのである。そのことを忘れるだけで、現在のフランスで生じていることが、もはやフランス人には分からなくなる。アフガニスタン、マリ、中央アフリカ、シリアに出兵しているフランスは、今まさに戦争中の国なのである。展示の期間もその後も——すなわち、年頭の事件のはるか以前から——東駅の構内では、機関銃を持った兵士たちがつねに徘徊している。フランス人は自分たちがどんな戦争の渦中にいるのか、今日は、かつてよりよく、分かっていると言えるだろうか？

今回の事件は昨年四月からのパリ滞在中に起きた。事件の直後に考えたことはすでに他の媒体に発表した(2)ので、ここでは事件に先立つ時期、フランスがどのような政治的、社会的状況にあったのか、それを主に報告することにしたい。そして、事件そのものの理解の方向性については、最後に思うところを簡潔に記すことにする。

ある書店主の回想

ソルボンヌ広場の裏手、キュジャス通りに、「ティエール・ミット（第三の神話）」という名の小さな書店がある。アラブ、アフリカ圏を中心とした第三世界研究の新刊、古書を主に扱っているが、フランスの政治史、マルクス主義関連の文献、哲学、そして宗教の領域にも、一〇年ほど前から手を広げている。社会運動関連のミニコミ、ポストコロニアル文学のコレクションも豊富だ。店主のアハマド氏は一九六〇年代のイラクからの亡命者である。八〇年代の留学期以来懇意にしていただいている彼に、フランスで大きな事件が起こるたび、私は意見をたずねてきた。

八月、街頭の人通りがヴァカンスでまばらになった頃、ひさしぶりにアハマド氏と話をする機会を得た。私たちの会話は、おのずから、七月のイスラエルによるガザ爆撃と、それに抗議するパリのデモが、フランス政府によって禁止された件に向かっていった。

私は一九六三年にフランスに来た。この国を選んだわけだ。君ももうだいぶ長くフランスに来ているし、それなりにこの国が好きだろう。私は六八年五月も経験した。フランス人はもともと権威に反抗的な人々だ。多少滑稽にみえても、いつも胸を張るのが彼らのスタイルだ。それがここにきて、すっかり自信をなくしてしまっている。五〇年この国を観察してきたが、こんなフランスは見たことがない。

一九六五年、第五共和制憲法下で初の、直接投票による大統領選挙があった。現職のシャルル・ド・ゴールに対する主要な対立候補は左派のフランソワ・ミッテラン、そして極右候補にアルジェリアからの引揚者たちが担ぎ上げたジャン＝ルイ・ティクシエ＝ヴィニャンクールがいた。彼らの選挙演説を、アハマド氏はよく覚えている。極右候補を含め、政治家の言葉のひとつひとつに、深い教養と、それぞれの歴史を背負った重みがあった。候補者間の対立を通じて、若いイラク人は〈フランス〉に触れた。そのすべてが、いまはすっかり消え失せてしまったかのようだ。

アハマド氏のような意見はけっして例外ではない。二〇一二年五月、現職大統領ニコラ・サルコジを破って大統領に就任したフランソワ・オランドの仕事ぶりは、多くのフランス人に破滅的な失望をもたらした。サルコジ時代に一気に進んだフランス社会のネオリベラリズム化は、左派連立政権の成立によって多少とも緩和されることが期待されていた。ところがさしたる変化も見られないうちに首相がエローからヴァルスに変わり、それとともに企業寄りの姿勢がいっそう鮮明になった。党内に少なからぬ矛盾を抱えながらも、いまやフランス社会党は、ネオリベ政党に純化しつつあるようにさえ見える。そしてその経済政策は、独仏を中心とするEUの方針と密接にリンクしている。

なお「左派」政権と呼ばれている現政権のこのような背信を前に、失業、不況、増税にあえぐ中間層以下の民衆の憤激は増大する一方だ。ユーロ移行は誤りだった、EUはエリートの専有物でしかない、結局ドイツだけが得をしている……。そんなルサンチマンが広がるなか、三月末の地方選では移民系を含む民衆下層の票は、「左翼戦線」

等の「極左」にではなく、左派からのネオリベ批判をみずからの言説のうちに巧みに取り込んだ、極右の国民戦線（FN）に大量に流れた。外国人排斥、反イスラームだけでなく、ユーロ移行に反対しEU脱退を唱える党として、この局面でFNが民衆の一部に支持されたことは、厳然たる事実である。

そして五月末の欧州議会選では、記録的な棄権率を背景に、得票率の約二五パーセントを獲得したFNが、はじめて比較第一党の地位を占めたのである。共産党系の歴史的な労働組合である労働総連合（CGT）の加盟労働者の四分の一がFNに投票したという、衝撃的なデータも公表された。アラブ系、アフリカ系のフランス人のあいだでも、相当数の人がFNに投票した。今大統領選挙が行われればFNの党首マリーヌ・ルペンが当選する……。二〇一四年後半、近未来の政治的破局に対する社会的不安が、一気に人々のあいだに浸透していった。

禁止されたデモ

しかし、この二年間、オランド政権の支持率が上昇したことがまったくなかったわけではない。二〇一三年一月、マリの内戦に介入したセルヴァル作戦のときと、二〇一四年九月、フランス人の登山家エルヴェ・グルデルがアルジェリアのオーレス山中で拉致・殺害されたのち、フランス軍が有志連合の対ISIS空爆に参加することを決定したときである。イスラーム主義武装組織に対する戦争政策でのみ最低限の民衆の支持を取り付けてきた「左派」政権、フランスの現政権がそのような性格を備えていることも、もうひとつの厳然たる事実である。

その姿勢がさらに深刻なかたちで浮き彫りになったのが、七月初め、イスラエルがパレスチナのガザ地区を集中的に爆撃した「境界防衛作戦」のときだった。七月一三日、パリで初めて呼びかけられたデモには、郊外の移民集住地区から多数の参加者が結集した。数日のあいだ、怒りと孤立感に心身を苛まれた人々が、はじめて一堂に会した瞬間だった。

ところがフランス政府は、イスラエルの「自衛権」を根拠に、ガザ爆撃を支持する立場を早々と明確にした。それればかりか、爆撃に抗議するパリのデモが、解散地点で仕掛けられたユダヤ系極右団体の挑発のために、シナゴーグ襲撃事件としてフレームアップされたのである。この経緯についてはすでに他の機会に詳しく述べた(3)ので、ここではこの一連の過程を、角度を変えて考察することにしたい。

一九日に計画されていた次回のデモは、内務省通達によって禁止された。フランスで前回デモが禁止されたのはいつだったのだろうか。この点については諸説あり、かならずしもはっきりしない。いずれにせよ移民系運動団体のあいだでは、一九六一年一〇月一七日という日付が期せずして想起された。この日、アルジェリアの独立を要求するデモが緊急令によって禁止され、街頭に出た人々には無慈悲な弾圧が加えられ、セーヌ川にいくつもの死体が浮かんだ。半世紀以上を隔てて、やはりアラブ系の人々が多数参加するパレスチナ連帯デモに、政府の禁止令が発動されたのである。しかし、二〇一四年夏、この強権的措置が政権の「強さ」ではなく「弱さ」の現れであることは、誰の目にも明らかだった。この点に触れて、アハマド氏はこう指摘した。

パレスチナに対する共感は移民系だけでなくヨーロッパ系の若者のあいだにも広がっている。ここにも金髪の女の子が、パレスチナのケフィエを首に巻いて、アラブ人の女の子とよく一緒にやって来る。今のフランスの青年たちのなかでもっとも活力があるのはこの層だ。彼らと一緒に仕事をしなければ、フランスの左派に再生の可能性はない。それなのに、逆にデモを禁止しているのだから、何をか言わんやだ。

七月三一日は、奇しくも、フランス社会党の創設者ジャン・ジョレスが、一世紀前、反戦闘争の渦中で暗殺された日に当っていた。事件の現場であるカフェ・クロワッサンでは記念集会が開かれたが、PSの現書記長が姿を見せると一斉にブーイングが起き、ガザ爆撃に対する政府の姿勢を批判する発言が続いた。その場にいたアハマド氏によれば、もっとも激しい抗議は、PSの下部党員が陣取る一角から聞こえてきたという。そう言えば、パレスチナ連帯デモのなかで私が目にしたプラカードには、こう書かれていたものもあった。「ジョレス、戻ってこい、こいつら頭がおかしくなった!」

アハマド氏は続けて、彼の友人でパリ政治学院のジャン＝フィリップ・フィリウの息子の身に起きた出来事を語った。フィリウは名著『ガザの歴史(4)』の著者として知られる中東学者で、彼の息子はエルサレムにあるローマ法王庁が設立した語学学校で、アラビア語を学んでいた。ガザ爆撃のさなか、アル＝アクサ・モスク周辺で大きな衝突があり、ある日彼は友人とともに、車でその様子を見に行ったところ、イスラエル軍兵士に、フロントガラス越しに、額を銃撃されたのである。銃弾は貫通しないよう前後が逆になっていた。息子は一命を取り留めたが、それがパレスチナの歴史研究に携わるフランス人研究者に対する、ヘブライ国家の側からの究極の威嚇であることを、フィリウの周辺の人々は疑っていない。

七月二六日。デモはふたたび禁止された。ヴァルス政府との交渉の末、レピュブリック広場での集会だけが、かろうじて許可された。若者たちは女神像に登り、一人の女神の口に黒布で猿ぐつわをはめ、デモ禁止に対する抗議の意志を表した。すると次回の集会では、女神像にあらかじめ警官が張り付き、共和国の象徴に参加者が手を触れることを許さなくなった。

フランス政府が挙げたデモ禁止措置の理由は次の三点である。①シナゴーグ襲撃等の「反ユダヤ主義」犯罪の防止　②治安壊乱の防止　③中東紛争のフランスへの輸入阻止。しかし、フィリウ・ジュニアの身に起きたことからも察せられるように、いまやフランスと中東は、イスラエル＝パレスチナ問題を介して、政治的に地続きになってしまっている。「紛争の輸入」を云々することは、この現実を糊塗するための欺瞞にすぎない。

この地政学的条件はいつから存在しているのか。ここではやや長い歴史的遡行を欠かすことができない。一九四七年、結成後間もない国際連合で、パレスチナ分割決議が採択された。アラブ諸国がこの分割決議に反対して第一次中東戦争が勃発、ユダヤ軍の勝利とイスラエルの一方的な建国宣言につながった。この決議の過程で、フランスは第一回投票の際には棄権している。その背景には、一九四五年五月八日、アルジェリアのセティフとゲルマで、フランスの戦勝を祝う祝賀集会が独立要求デモに転化、軍の弾圧によって数万に及ぶ犠牲者が出るという出来事があった。フランス外務省は、ふたたびこのような「騒擾」が起きることを恐れ、棄権という選択に導かれたのである。

ところが、第二回投票でフランスは賛成に回った。この間に何があったのか。フランス政府の高官たちは、北アフリカの「原住民叛乱」の裏に、誕生したばかりのアラブ連盟の影を認めたと思い込んだ。植民地アルジェリアを保持するために、イスラエルを反アラブの同盟国と位置づけ、不当な分割決議案を支持することに決定したのである。戦前の人民戦線政府の首班だったレオン・ブルムは、当時のフランス大統領ヴァンサン・オリオール宛に、次のように書き送った。「北アフリカのわれわれの領地（domaine）にとって、パレスチナでわれわれが弱気な姿勢を見せることほど有害なことはない。アラブの抵抗は打ち砕かなければならない。」フランスのこの態度の変化が、決議の行方を左右したと考える研究者は少なくない。(5)

フランスの中東への関与の歴史は、言うまでもなく、さらに一世紀以上遡る。いずれにせよ、「イスラーム国」の登場によって全世界が想起を余儀なくされたサイクス＝ピコ協定は、英仏ロ間の秘密外交だったのである（第一次世界戦争に参戦し戦勝国の地位を得た日本は、この経緯に無縁とはいえない歴史的立場にある）。イギリスがメソポタミア（イラク）でシーア派の叛乱に直面していた頃、フランスはシリアとレバノンで、同じように現地住民の抵抗を圧殺するためにあらゆる手段を用いていた。叛乱指導者の死刑は公開で執行され、遺体は長く処刑台に吊るされた（同時期に日本は、朝鮮半島で、中国大陸で、日々筆舌に尽くし難い暴力を行使していた）。「イスラーム国」の残虐な行為に戦慄するとき、同時に私たちは、帝国主義諸国の暴力がどのようなものだったか、今なおどのようなものであり続けているか、繰り返し想起し、学び直す努力を怠ってはならない。

「反テロリズム」法と国家の暴力

七月、私自身、パレスチナ連帯デモに何回か参加した。前回の長期滞在は二〇〇一年、後半の時期は〈九・一一〉が起きたために大きな影響を受けた。とはいえその時期に、戦争反対の街頭行動に参加した際、治安部隊の動きに顕著な変化があることに気づいた記憶はない。留学中の一九八六年一二月、大学改革法案反対デモに激しい弾圧が加えられ、学生のマリク・ウスキンが殺されたときのことも鮮明に憶えている。しかし、フランスの機動隊（CRS）がきわめて凶暴になりうることも承知している。しかし、今回は何かが決定的に違っていた。二〇〇五年の郊外叛乱のおそらく前あたりから、この国の治安警察は、来たるべき内乱鎮圧のための暴力装置として明確に位置づけられ、そのための訓練を施され、そしてとりわけ、精神的、心理的な「武装」を強化してきたのではないか。そのことが、隊員の視線や態度から、ひしひしと感じられたのである。許可されたデモの際にも、指揮官が隊員に、「武器をよく見せろ」と指示しているところに遭遇した。

民衆運動に対するフランスの国家権力のこの攻撃的姿勢は、移民系の運動にだけ向けられているものではない。一一月四日に上院で可決され成立した新たな「反テロリズム法」は、中東の内戦に参加するために出国するフランス人を主要な対象としており、身分証明書、パスポートの没収、一定期間の出国禁止措置を可能にして、とりわけ彼らの帰国後の行動を抑え込むことを目的としている。「テロリズムの擁護」を行っていると判断されたインターネット・サイトの閉鎖措置も含まれている。

　しかし、この法律に対して法案の段階でもっとも筋の通った批判を加えたのは、移民系の運動団体ではなく、あえて分類するなら地域闘争系の青年たちのグループだった。七月二一日、『リベラシオン』紙に連名で文章を発表したのは、二〇〇八年に鉄道サボタージュの容疑でフレームアップされた、フランス中西部タルナックのコミューンを拠点とする活動家たちである。「不可視委員会」名での著作活動でも知られるジュリアン・クパとその友人たちは、この法律がいわゆる「聖戦」志願者の封じ込めにとどまらず、地域闘争系の活動にも大きな打撃を加えようとしていること、公共事業に対する異義申し立てや阻止行動をすべて「テロリズム」とみなして厳罰を加える意図を持っていることを正確に指摘していた。しかもこの法律には、フランス一国ではなく、欧州委員会の意志が反映されている。イタリアのトリノで新幹線建設に反対して信号機を損傷した活動家に、信じ難い裁判過程を経て二〇年超の刑が下されようとしている事実に注意を促しつつ、彼らはこう書いていた。

> テロリズムの法的定義はない。だからこそ世界中に、やまほどの定義があるのだ、実際には百近くも。「テロリスト」は法的カテゴリーではない。それは「敵」という政治的カテゴリーの法的言語への不可能な翻訳なのである。テロリストが問

題になるやいなや、「敵の刑法」という観念によって、あらゆる「超法規的」措置が可能になるというわけだ。こんなナンセンスが、まだ当分続きそうな気配である。敵とは裁くものではない、闘うものだ。あれこれの運動を敵とかテロリスト扱いすることは、結局のところ、今日の諸政府が行っている、本来的に政治的な決断なのである。(6)

批判文の署名者たちは、この文脈で、二〇一二年、ローマにおける国際刑事機構の総会で、当時の内相、現在は首相のマニュエル・ヴァルスが、「極左」「アナーキスト」「アウトノミア」を敵視する発言を行い、リヨン＝トリノ間新幹線建設反対運動と、ノートル・ダム・デ・ランドの空港建設反対運動を、名指しで指弾していたことを想起している。有害な開発計画からの地域の防衛を目的とする運動は、現在フランスでZAD（zone à défendre）と呼ばれている。エコロジー運動と反資本闘争の接点で青年層を中心に拡大しているこの運動が、国家権力から、移民系の運動とともに、「潜在的テロリスト」として、明確に敵視されているのである。

そのことの帰結は、一〇月二五日から二六日にかけての夜、タルン県シヴェンスにおけるダム建設反対闘争に参加していた二一歳の学生レミ・フレスが、治安部隊の投擲弾を背中に被弾して死亡するという悲劇的な事件となって現れた。最初の計画が一九六九年に遡るこのダムは、テスク盆地の灌漑を主要な目的としている。しかし、受益者となる農民の数がきわめて限られているうえ、長期的には広大な湿地帯が破壊される可能性が高く、この数年、急速に反対運動が広がっていた。二〇一四年の一月以降、建設賛成派や治安部隊との激しい衝突が繰り返され、一〇月に入ってからは数千人規模の活動家が現地に泊まり込み、ハンガーストライキを含む戦術を駆使してダムの建設中止を訴えていた。

死因となった投擲弾を撃った警官は、二〇一五年一月一四日になってようやく起訴された。だが、内務省による調査報告書は、全体的な警備方針に不備はなかったと結論づけている。大統領も、環境相も、遅ればせの哀悼の意は表明したものの、謝罪の言葉はついに聞かれなかった。それどころか、パリ、ナント、リヨン等いくつもの都市で行われた、レミ・フレスの死を悼み権力殺人を糾弾する街頭行動のなかには、夏のパレスチナ連帯デモと同じく、内務省通達によって禁止されたものもある。パリでは地下鉄スターリングラード駅近くの集合地点を機動隊が包囲し、多数の参加者が検挙された。フランス政府にとって、デモの禁止は、いまや通常の治安管理手段のひとつになったのである。(7)

アブデルワハブ・メッデーブの死

一一月七日の朝、チュニジア人の詩人、アブデルワハブ・メッデーブ死去の報が伝えられた。メッデーブは一九四六年チュニスに生まれ、七〇年代からパリを中心に活躍したマグレブ系知識人であり、『タリスマーノ』などの小説、『西洋への亡命』などの詩、九世紀のスーフィーの思想家バスターミーの言行録の翻訳、そしてとりわけ、『イスラームの病』をはじめとする評論活動によって、二〇〇〇年代のフランスで、その発言が次第に大きな注目を集めるようになっていた。彼の最後の仕事のひとつは、歴史家のバンジャマン・ストラとともに彼がその編集を担った一〇年越しの記念碑的労作、『ユダヤ・イスラーム関係史事典』である。

一九九六年、彼が組織したフランスで初のポストコロニアリズムのコロックで、私は彼の知己を得た。その三年後、メッデーブが来日した際は、翻訳者として、また旅案内として、日々親しく彼と接する時間があった。当時『現代思想』誌に、「極限としてのヨーロッパ」という彼の文章が拙訳で掲載されている。(8) 京都では吉増剛造氏との対談も行われた。伊勢、奈良、京都をメッデーブとともに歩いた旅は、けっして忘れることができない。翌年には彼が、当時夫人が赴任していたカイロに私を招待してくれた。イブン・トゥールーン・モスク、サイイダ・ザイナブ・モスク、多くの下層民衆の生活空間である広大な墓地「死者の町」、そしてピラミッド……メッデーブに導かれて経巡った巨大都市カイロは、限りない歴史の襞の織物だった。

メッデーブはまた、毎週金曜に放送されるフランス・キュルチュールの番組、「イスラームの諸文化」のホストとしても知られていた。彼が選んだゲストとの対話は毎回、イスラームの歴史のなかで形成された途方もなく多様な文化の諸相を、分かり易く、刺激的に解き明かす、現代フランスの大切な学びの場だった。一一月二六日にアラブ世界会館で催された追悼の集いに足を運んだ人々の多くは、この放送のリスナーだったのだろう。彼が病を得て療養生活に入ったことを、私は秋口に知った。これほど深刻な病状とは知らず、無念なことに、ついに生前に再会することは適わなかった。『イスラームの病』の出版以後、彼が政治的イスラームを体現する信徒たちとかわした激しい論争の詳細は、これまで正確にたどる作業はできなかった。二〇〇七年にメッデーブが、預言者ムハンマドの風刺画をめぐって、パリ大モスクが『シャルリ・エブド』紙を相手取って起こした裁判で、風刺新聞側を擁護する立場の証人として出廷していたことも最近知った。時間をかけて彼の仕事の全体を見直すこと、そのようにして彼との対話を再開することを、いま私ははじめようとしている。自分が彼に負っているものを、正確にただ知るためだけにでも。

メッデーブの病を知ってのち、「イスラームの諸文化」はかかさずに聞いた。一〇月一七日の放送は、フランスにおけるイラク研究の第一人者、ジャン＝ピエール・リュイザールとの対話だった。当時イラクから戻ったばかりの中東学者に、メッデーブは「イスラーム国」の出現が現地のイスラーム文化にどのような影響を及ぼしているか、文化破壊がどの程度進んでいるか、繰り返したずねていた。

彼がイスラーム再生の鍵として重視する長い歴史を持つスーフィー教団のなかにも、

「イスラーム国」の傘下に入ったものがある。その背景を、彼は正確に知ろうとしていた。また、シーア派勢力が支配するバグダードで、九世紀に神を冒瀆したとされて死刑に処されたスーフィー、マンスール・アル・ハッラージの墓が破壊されていないかどうかも。「イスラーム国」と対立する側の政治的、文化的暴力の鏡像的な激化にも、メッデーブは危惧を深めていたのである。(9)

前夜

メッデーブがムスリム女性のヴェール着用問題で取った立場は、フランスのムスリムたちのあいだで激しい議論の的となった。みずからの意志でヴェールを被る女性たちを彼は、フランス一六世紀の思想家ド・ラ・ボエシが語った「自発的従属」の一例として批判したこともあった。(10) 私のもう一人の大切なムスリムの友人、シリア人のハレド・ルーモも、この点についてはメッデーブの姿勢に疑問を持っていた。

伴侶のガイス・ジャセールとともに、ハレドは故郷の町アレッポから、一九七〇年代、フランスに亡命してきた。アレッポにいた頃、結婚せずに同居している彼らのことを、周囲の人々は、サルトルとボーヴォワールになぞらえて、「実存主義者」と呼んでいたという。ガイスはパリのフェミニスト運動に深く関与する文学研究者であり、ピアノの名手にして作曲家でもある。二人とは、一九八七年、パレスチナ連帯デモのなかで出会って以来親交を暖めてきた。

二〇〇一年〈九・一一〉に続く日々、ハレドはムスリムとキリスト教徒のあいだの対話の集いをいくども組織した。そのときの経験を、私は小さな文章で報告したことがある。[11] あらゆる宗教的立場の多くの仲間から深い信頼を寄せられてきた二人の生活は、二〇一一年以降、シリアの内戦によって一変した。

ほぼ一年のあいだ、アサド政権打倒を目指す民衆運動の高揚を、二人はパリから全力で支援した。一斉メールで送られてくるハレドによるシリア情勢の分析に、地震・津波・原発事故に続く日々、奇妙な同時代感覚に襲われながら、私は定期的に触れていた。しかし、その通信は、やがて途絶えた……。

その後のシリア情勢のあまりに苛酷な展開に、パリに着いてのちも、彼らにどう声をかけたらよいか言葉がみつからないまま、いたずらに時間が経っていった。だが一一月一日、かつて一緒にハレドにアラビア語を学んでいたスペイン在住の新郷啓子さんとともに、ようやく彼との再会が実現した。深い信仰、豊かな感性、鋭い知性が見事に調和した彼のおおらかな性格は、このうえなく厳しい試練に直面しながら、いささかも変わっていなかった。彼の人格そのものが、いつも私には、未知の国シリアの、アレッポの、豊穣な歴史をまるごと体現する存在のように現れる。ハレドはいま、シリアからの亡命者の生活支援に全力を傾けている。

公園の芝生で彼が手作りの料理をご馳走してくれたこの再会の時間には、「楽園」

の味わいとしか言い表しようのない肌触りがあった。数日後、各国のイスラーム法学の権威たちが、もっぱらイスラームの規範文献に拠りながら、カリフ宣言をした「イスラーム国」の指導者バグダーディに宛てて、その発言を逐一批判した公開書簡を、ハレドは私たちに送ってくれた。

私たちがふたたび顔を合わせたのは、一月六日、再会の日に不在だったガイスと一緒の晩餐のために、彼らの自宅に招かれた日だった。ガイスは二分法でしか思考の働かない「左翼のパブロフ的本能」を嘆いていた。パレスチナ情勢だけを基準に、短期的な利害計算にもとづいて思考する彼女のフランス人の友人たちは、アサド政権の打倒を目指すシリアの民衆運動に理解を示すことに、一様に消極的な姿勢を見せて彼女をひどく失望させた。「イスラーム国」の暴力的支配とそれに対するダマスカスの、また有志国連合の爆撃のために、かつて彼女がそのなかで自己形成を遂げた民族と信仰の記憶の場所が、まもなく根こそぎ消滅してしまうだろうことを、ガイスは覚悟しているようだった。

ハレドは数年前、『愛によって解読されたコーラン』(12)という著作を世に問うた。イブン・アラビーの思想を導きの糸に、コーランの章句の独創的な解釈を試み、プルーストをはじめとする異郷の文学作品と交錯させた、「思考の自由」の大胆な実践である。私がかつて彼に贈呈した岡倉天心の『茶の本』も、この探求のなかに然るべき場を与えられていた。

ある日ハレドは、ボルドー生まれのひとりの若いフランス人から、この本を愛読しているという告白を受けた。最近イスラームに改宗したばかりのその青年は、すぐれた音楽家であり、演奏家でもあった。その夜の集いには彼も招かれていて、最近訪れたイランの現状を私たちに語ってくれた。

同性愛の権利を求める活動家が死刑に処されているかの国で、都市部の特定の地区では同性愛者たちは路上で公然と交流しており、公権力も放置している。ホメイニとその側近たちが同性愛者だったという説も、民衆のあいだに流布している……。意外な報告に私たちは虚をつかれ、半信半疑ながら、関心を惹かれずにはいられなかった。夜が更け、心の深いシリア人のカップルと近々の再会の約束を交わし、音楽家と私はともに帰路についた。ドビュッシー研究者でもある彼は、日本人の研究に、フランスの主流の研究にはないどんな注目すべき特質があるか、メトロのなかで熱く語った。

出来事の解剖

一月七日以前のフランスの状況をここで長々と語ったのは、ひとつには、事件後の展開を理解するためには、その直前の状況について、最低限の認識が不可欠ではないかと考えたためだ。事件当日、一八時に犠牲者追悼集会が呼びかけられたレピュブリック広場に、私はほぼ定刻にたどり着いた。広場はすでに人で一杯だった。いったんそのなかに入ると、身動きもできないほどだった。

黒服の青年たちが共和国の女神像の中段に陣取っていた。七月と同じ女神の左腕に、黒い喪章が巻かれた。青年たちはやがて次々にプラカードを掲げていった。「私たちはみなシャルリ」「恐がるな」等々。ところが、彼らが一枚の意味不明のプラカードを持ち出したとたん、私の周囲の若者たちが一斉に反応した。「ファシスト、引っ込め！」そのプラカードには、「レモン絞りは〈黒い〉」（La presse-citron est en NOIR）と書かれていた。どうやら外国人排斥を唱える、人種差別主義者の合い言葉だったらしい。犠牲者を悼み虐殺を糾弾する緊急の集会の中心に、ファシストが入り込んでいたのだ。

私のなかでは、否応なく、昨年（二〇一四年）七月に、同じこの場所で、治安部隊に包囲されながら決行された、パレスチナ連帯集会の記憶が二重映しになっていた。四日後に、やはりこのレピュブリック広場を集合地点として行われた空前の規模の街頭行進は、パレスチナ連帯デモとはまったく逆に、治安部隊に保護されるかたちで行われた。殺された警察官への追悼の意も、「私たちは〜」「私は〜」という同じ一人称単数を主語とする文で表現されたため、「私たちは警官」という横断幕まで登場したのである。あのとき公権力が、郊外の若者たちが登ることを阻止した共和国の女神像は、いまは犠牲者を追悼し共和国の理念の防衛を訴える、沢山のグラフィティで埋め尽くされている。

『シャルリ・エブド』社襲撃事件自体については、かつて〈九・一一〉以後の文脈で提示した判断を再度確認するほかはない[13]。このタイプの政治的暴力の背後にあるのは、イスラームの原点に復帰すると称して、シャリーアの字義通りの適用を強要する反動的な思想である。それは典型的な「白色テロル」であり、右翼的暴力にほかならない。日本の戦後史に例を取れば、深沢七郎作の『風流夢譚』を掲載した中央公論社の社長宅が襲撃された一九六一年の嶋中事件、一九八七年の朝日新聞社阪神支局襲撃事件などとまず比較されるべき行為である。『シャルリ・エブド』社で殺された戯画作家のなかには、カビュのように、現代のフランス人のなかではきわめて稀な存在として、反核、反原発の立場を鮮明にしていた人もいた。その意味で、かけがえのない仲間を奪われたという思いを、一方で私は拭い去ることができない。そのことを踏まえたうえで、体制派が使嗾する「反テロリズム戦争」への動員に屈することなく、逆流に抗して、もうひとつの「テロリズム批判」を分節する必要をかつてなく強く感じている。

殺戮の政治的性格と、その実行者が移民系の若者たちであったことも、厳密に区別して考えなければならない。個々の出来事の特異性は、それを構成する異質な諸要素の組み合わせから生ずる。特異性に接近するためには、まず諸要素間の異質性に、最大限の注意が払われるべきだろう。

パリ郊外のクレイユの公立学校から、ヴェールを被った女子生徒が排除された事件は、フランスにおける一連のヴェール論争の起点となった。一九八九年のことである。

今回の殺戮の三人の実行者たちは、当時まだ一〇歳に満たない少年だった。旧植民地出身のムスリムの家系に生まれた彼らが、この時期のフランスでどんな教育を受けたか、できるかぎりリアルに想像する努力が要請される。幼くして両親を失い孤児院で育ったクアシ兄弟、一九歳のとき強盗未遂事件で最大の親友を警察に殺されたクリバリは、いずれも底辺で生きてきた人々であり、フランス社会に対する憎しみが、もっとも深いところで彼らを駆り立てたことは間違いない。彼らが獄中で「聖戦」思想に触れ政治的な人格形成に向かった事実もまた、けっして看過されてはならないだろう。クリバリにはある時期、獄中の処遇に関するドキュメンタリー映画を隠し撮りで製作し、刑務当局を鋭く告発する「活動家」的な側面もあった。(14)

『シャルリ・エブド』紙にこれまで掲載された、単に預言者ムハンマドだけではない、さまざまなムスリムを描いた戯画の評価についても、一括して擁護ないし批判するのではなく、同紙の言葉による主張とは区別して、個々の作品について、いずれ厳密かつ慎重な検証を行う必要があろう。いずれにせよ、今回の事件の前と後とで同じ笑いを笑える者はもう誰もいない。その意味で、実行者の目的は果たされたのである。

おわりに──政略としての「私はシャルリ」

一月一一日の大規模行進の触媒的役割を果たした「私はシャルリ」という標語はも

ともと、ジョアシャン・ロンサンというアートディレクターが発案したものである。[15]しかし、首相府がこれに注目し、各官庁に上から採用を命じた瞬間、意味作用に根本的な変化が生じた。この点に関しては、今回の事件に先立つ時期のフランスの政治的危機を、政権党がどのように受け止めていたかが同時に問われなければならない。

ミッテラン政権期の法相で死刑廃止の立役者だったロベール・バダンテールは、事件後の早い段階から、「テロリスト」はフランス社会に政治的罠を仕掛けたという趣旨の発言をしていた。[16]その文言を多少深読みするなら、この殺戮によってフランスの、ひいてはヨーロッパ諸国の反イスラーム世論を一気に白熱させ、極右の政治的勝利を呼び込み、そのことを通してフランス共和制を破壊し、欧州連合を破綻に追い込むこと、それが事件の背後にいる集団の政治的意図であると、バダンテールは考えたとみることもできる。このような解釈からは、現在のフランス社会の構造的脆弱性、与党勢力の無力さについての、恐怖にも似た、痛切な認識がうかがえる。

一月一一日に鳴り物入りで可視化されたいわゆる「神聖同盟」も、私の眼には、同種の政治判断にもとづくもののように思われた。この「同盟」は、パレスチナ連帯運動などでムスリム系の諸グループと共闘関係にある移民系運動団体や反資本主義新党などの原則主義的な新左翼を、そして長らく『シャルリ・エブド』紙の戯画の対象となってきた国民戦線をはじめとする極右勢力を、同時に排除することによって形成されたのである。悪魔祓いの儀式にも似た、この「聖餐式」に招かれなかったのは誰か。

いずれにせよ、「私はシャルリ」という標語は、『シャルリ・エブド』紙が事件後の紙上で主張したような、「私は非宗教性（Je suis la laïcité）」という意味だけであれほどの広がりを獲得したのではない。「表現の自由」の擁護とは別の次元で、また『シャルリ・エブド』社で殺された表現者たちの思想とはまったく無縁のところで、フランス社会党の党利党略の手段として徹底的に利用されたのである。言い換えれば、フランス固有の文脈においてこの現象の背後に読み取るべきは、第一にこの国の、この社会の、文字通り歴史的な危機の深さにほかならない。

註

（1）Didier Pazery, *14-Visages et vestiges de la Grande Guerre*, Michalon, 2014, p.6.

（2）鵜飼哲「パリ、〈一月の惨劇〉の後で」、『市民の意見』一四八号、二〇一五年二月。

（3）鵜飼哲「パレスチナ連帯デモが禁止される国から——フランス『共和国の原住民党』の闘い」、『インパクション』一九七号。二〇一四年一一月。本書所収、四三頁。

（4）Jean-Pierre Filiu, *Histoire de Gaza*, Pluriel, 2015.

（5）« Palestine 1947/48 : La responsabilité française», in *L'indigène de la république*, n° spécial, *Vive la résistance palestinienne*, juillet 2014.

（6）Julien Coupat et als, «Antiterrorisme : on ne juge pas un ennemi, on le combat» in *Libération*, 21 juillet, 2014.

（7）*Cf.* «Notre dossier : le barrage de Sivens», in *Médiapart*, 5 février 2015.

（8）『現代思想』、一九九九年一〇月号。

（9）« L'Irak existera-t-il? », dialogue entre Pierre-Jean Luizard et Abdelwahab Meddeb, *Cultures d'islam*, France Culture, 17 octobre 2014.

（10）Abdelwahab Meddeb, « La haine du voile », in *Contre-prêches-Chroniques*, Seuil, 2006.

（11）鵜飼哲「ある集い」、『だれでもわかるイスラーム（入門編）』（文藝別冊）、二〇〇一年。後に鵜飼哲『主権のかなたで』（岩波書店、二〇〇八年）に収録。

（12）Khaled Roumo, *Le Coran déchiffré selon l'amour*, Koutoubia, 2009.

（13）鵜飼哲「「地獄への道は善意で敷きつめられている」——来たるべき「テロリズム批判」のために」、『現代思想』、二〇〇三年三月号。後に鵜飼哲『主権のかなたで』（前掲）に収録。

（14）Luc Bronner et Emeline Cazi, « La fabrique d'un terroriste », in *Le Monde*, 16 janvier 2015. 本稿では触れられなかったが、イスラーム世界で脱植民期にはみられなかった「自殺攻撃」がある時期から多発するようになった経緯については、下記の文献の参照が不可欠である。Fethi Benslama, *La Guerre des subjectivités en islam*, Lignes, 2014.

（15）Joachim Roncin, « Comment j'ai créé « Je suis Charlie »», in *Libération*, 13 janvier 2015.

（16）Robert Badinter, « Les terroristes nous tendent un piège politique», in *Libération*, 8 janvier 2015.

「フランス」とは何か

――「風刺新聞社襲撃事件」以後問われていること

『如水会報』1014号　2015年7月

一月七日にフランスのパリ一一区の風刺新聞社『シャルリ・エブド』社が襲撃され、編集会議に出席していた著名な風刺画家ら一三名が殺された。また九日には、パリのポルト・ド・ヴァンセンヌのユダヤ系食料品点「イペル・カシェール」で人質事件が起きた。前者の事件の実行者であるシェリフとサイードのクアシ兄弟と後者の事件を起こしたアメディ・クリバリのあいだに交流があったことが判明し、二つの事件の関係が取沙汰されるなか、九日の午後、治安部隊がほぼ同時に行動に移り、三名を射殺して一連の事態に決着をつけた。しかし、その過程でユダヤ人の人質四名が命を落とし、犠牲者の数はさらに増えた。

七日の事件の当日、午後六時から、犠牲者追悼集会が共和国広場で開かれた。激しい衝撃を受けて沈黙に沈む人、「私たちはみなシャルリ」「怖がるな」等のスローガンを叫ぶ人、「ラ・マルセイエーズ」を歌う人とかたちはさまざまだったが、この危機に直面して「共和国」の理念の防衛を訴える声が総じて強く響いていた。

一一日の政府主催の「共和国行進」には、パリで一七〇万人、全国で三七〇万人が参加し、一九四五年の「解放」以来の大規模な街頭行動となった。これほどの人が街頭に下りたのには三つの理由があったと考えられる。第一に、犠牲者との連帯を示したいという強い動機、第二に、『シャルリ・エブド』社襲撃によって脅かされた「表現の自由」を擁護しようという大きな集団的意志、第三に、格差が増大し社会の一体感が急速に失われつつあるこの時期に、「共和国」に自分が帰属していることを確認したいという民衆的な欲求もあったであろう。

「共和国行進」の標語とされた「私はシャルリ（Je suis Charlie）」は、最初はアートディレクターのジョアシャン・ロンサンがデザインしてネットにアップした「イメージ」だった。それが政府によって官許のスローガンとして公認され、公共施設への掲示が指令されたのである。一方事件の翌週に発売された『シャルリ・エブド』紙の社説では、「私はシャルリ」は「私は非宗教性（Je suis la laïcité）」という意味であると解釈されていた。この言葉をめぐってはフランス内外でさまざまな議論が起きたが、事件の衝撃で他に言葉が出なかったためにこの「イメージ」を作ったという原作者の告白（『リベラシオン』、一月一四日）は、この喧噪のなかで想起されるにあたいするだろう。

この一連の事態について、フランスのメディアには、まもなく知識人のさまざまな論評が発表された。そしてその内容は、やがて論争含みのものになっていった。例えば歴史家のパスカル・オリ（パリ第一大学）は一月一一日の「共和国」行進を肯定的に評価し、そこに「個人（「私はシャルリ」の「私」）に根ざした民主主義の覚醒」を見て、一八世紀の啓蒙思想家ヴォルテールに遡る左派リベラリズムの復権と位置づけた（『リベラシオン』、三月一九日）。

一方哲学者のアラン・バディウ（パリ第八大学）は、「政府が呼びかけ警察に守られたデモのいかがわしさ」を指摘して「共和国行進」から距離を取る姿勢を示し、ヴォルテールよりもルソーの思想のほうに、フランスの民主主義再生の鍵があるとした（『ル・モンド』、一月二七日）。ヴォルテールの反宗教思想を批判した彼宛の手紙のなかで、ルソーは次のように述べていた。「私はこの世であまりに苦しんだので来世を求めずにはいられません。形而上学のあらゆる機微も、魂の不死と恵みをもたらす摂理を、一瞬たりと私に疑わせることはできないでしょう。私はそれを感じ、信じ、欲し、望みます。」（「摂理に関する手紙」、一七五六年）ヴォルテールの思想が『シャルリ・エブド』紙によるイスラームの預言者ムハンマドの風刺画の源流だとすれば、ルソーの思想は宗教的感受性に対して無神経な風刺画に異を唱える、ムスリムの側の立場を擁護するものと考えることもできる。

とはいえ、イスラームとフランスの関係には八世紀のトゥール＝ポワティエの闘いに遡り、中世の十字軍、近代の植民地支配、そして二〇世紀後半の脱植民地化と続く、長く重い歴史性がある。キリスト教のカトリックとプロテスタントが抗争した一六世紀の宗教戦争は、アンリ四世がナントの勅令によってプロテスタントに信仰の自由を認めたことによって一応の決着を見た。また、フランス革命後一世紀の抗争の末、一九〇五年、国家と宗教の分離を最終的に確認する法律が制定された。フランスの「非宗教性」(laïcité) は、他のヨーロッパ諸国には見られない徹底性で公共空間からの宗教の排除を求める。しかし、聖界と俗界の分離という思想自体が元来キリスト教固有のものであり、これまでと同様の公共空間と私秘空間の切り分けによって、イスラームとの関係を制御できるかどうかは不明である。

また、風刺の伝統は一六世紀のラブレーの『ガルガンチュア』や一七世紀のモリエールの喜劇以来、確かにフランス文化の重要な要素のひとつだった。それは「笑いは人間の本性」とする人文主義の伝統と不可分であり、この笑いを共有しない人々を排除する側面も従来からあった。事件後には国立劇場『コメディ・フランセーズ』にまで「私はシャルリ」が掲げられ、預言者の風刺画をめぐる対立はフランス文化の中心部に持ち込まれていっそう硬直しているように見える。いま求められるのは、この構図の全体を笑うことができるような「風刺」なのではないだろうか？

一九〇五年の政教分離法が規定しているのは諸宗教に対する国家の「中立性」であり、それは市民に「信仰の自由」を保障するためだった。ところが二〇〇四年に「公共学校での宗教的徴表（＝イスラームの信仰を表すスカーフ）の着用」を禁止する法律が制定されたとき、「中立性」は「積極的」に解釈され、「非宗教性」の目的は「自立的市民」の育成であるとされた。こうして「非宗教性」がムスリムに対する宗教的迫害、ひいては棄教や改宗を強要する道具と化す恐れが出てきたのである。

一月七日の事件の翌日、正午にフランスの全公共施設で、犠牲者追悼のための黙祷が行われた。これは政府の指令によって一斉に行われたものだが、とりわけ中等、高等教育の現場で多くの混乱を引き起こすことになった。「私はシャルリじゃない」と主張する子供たちに対し、教員たちはなすすべを知らなかったのである。フランスの学校制度は、かつてドイツの比較文学者ローベルト・クルツィウスが、「これほど強力な国民文化宣伝機構は世界のどこにも存在しない」(『フランス文化』、一九三〇年)と嘆賞したほど、きわめて効果的な市民育成の場であった。この学校制度が、「非宗教性」の硬直した解釈ゆえに、いま深刻な危機に直面しているのである。治安管理を担当する警察官僚のあいだから、サラフィズムなど厳格主義的なイスラーム解釈の影響に対抗するため、これまでの「非宗教性」の解釈を改めて、「国立イスラーム研究センター」的な機関を設置して、学校教育で権威をもってイスラームについて語ることのできる教員を養成する必要が指摘されるようになっている。これはイスラームという宗教をフランス国家に統合・管理する試みであるといえるだろう。

奇しくも一月七日、事件当日に発売されたミシェル・ウェルベックの小説『服従』(大塚桃訳、河出文庫、二〇一七年)は、それとは反対に、イスラームに統合されるフランスを想像した近未来ポリティカル・フィクションである。二〇二〇年の大統領選挙で穏健派イスラーム政党の党首が当選するという想定で、そのときのフランス社会の変貌を、大学の人文系学科を主な舞台として描いたものである。

主人公は一九世紀末の作家ユイスマンスの専門家である文学者で、この政変前には、宗教的回心の可能性に惹かれながらも、出口のないニヒリズムにとらわれて猟色生活を送っていた。この作品では、彼がイスラームに改宗するまでの経緯が一人称で語られる。チュニジア人の精神分析家ファトヒ・ベンスラーマが指摘するように、この作品における「イスラームへの改宗とは服従をつきつめよという命題であり」、自由を放棄することで「自殺の誘惑から抜け出す」可能性が示唆されている。そこには「風刺新聞社襲撃事件」を引き起こした青年たちの心性にも通ずるような、「一種陰鬱なジハーディズム」が観察される（『ヌーヴェル・オプセルヴァトワール』、一月八日）。この作品の深く暗いアイロニーの底にどんな笑いを聞き取るべきか？　フランスという国家と文化のアイデンティティをめぐる問いは、今回の事件ののち、いっそう切迫したものになっているように思われる。

「戦士社会」と「積極的平和主義」
——アルジェリアから〈戦争の現在〉を考える

『戦争思想2015』河出書房新社　2015年6月

自民党安倍政権が推進する「積極的平和主義」が、集団的自衛権の承認と表裏の関係にあることについてはもはや多言を要さない。従来の「周辺」概念を放棄し、日米安保の内および外で、アメリカ以外の国とも、国連安保理決議がなくとも、自衛隊が集団的に軍事活動を行うことを可能にすること——アフリカ東岸のジブチに自衛隊基地が存在する今日、ここまで踏み込んで「積極的」という言葉の意味を捉えることが、いま求められているように思われる。

一九九一年の湾岸戦争から四半世紀、「イスラーム国」の出現とともに、イラク国家は事実上消滅した。イラクやリビアで起きたこと、シリアで起きつつあることは、果たして例外だろうか？　第三世界の国々では、そう信じ込める人は次第に少なくなっている。同様の国家崩壊が、やがて自国の現実になるのではないかという不安が、急速に広がっているのである。三月に訪れたアルジェリアでも、そのような声をしばしば耳にすることになった。

一月七日にパリで起きた「シャルリ・エブド」紙編集委員殺害事件は、アルジェリアの人々の眼には、作戦の実行者、犠牲者双方の横顔に、はっきり見覚えのあるものだった。一方にはイスラームの純粋な起源への回帰を唱え宗教的大義によって行為を正当化する人々、他方には想像力に訴え宗教的権威に挑戦する人々。一九九一年以降の「暗黒の一〇年」と呼ばれる時代、この国では一五万人ともいわれる人々が命を失った。政権党のFLN（民族解放戦線）と非合法の武装勢力GIA（武装イスラーム集団）の激しい内戦のなかで、作家、ジャーナリスト、知識人、芸術家、戒律に服さないとみなされた女性たちが、後者に属する人々によって多数殺害されたのである。

アルジェリアはいわば、他のアラブ諸国に二〇年先駆けて、「アラブの春」に相当する民衆運動の高揚を経験した。一九八八年一〇月、失業の増大、物価の高騰、政権党の独裁と腐敗に異を唱える若者を中心とした民衆の街頭行動が首都アルジェで展開され、FLNの一党支配に終止符を打った。しかし、続く国政選挙では、組織力と経済力、そしてアルジェリア社会の深部で進行していた厳格主義的なイスラームの拡大を基盤とするFIS（イスラーム救国戦線）が勝利を収めた。すると国軍はクーデタによって選挙過程を中断、民主主義的手続きに参加しながら民主主義否定を唱える宗教政党の権力掌握を軍事力によって阻止したのだった。FISは非合法化され、内戦が始まった。

三月中旬、アルジェリアに旅立つ前、私はフランスで、九〇年代のアルジェリアの事態と今回の事件を比較する議論が、ほとんど見られないことに奇異の念を抱いていた。どうやら大半のフランス人の眼には、「アラブ人」による「フランス人」の殺害事件と、「アラブ人」同志が殺し合った九〇年代アルジェリアの内戦は、まったく別のものとして映っているらしかった。精神医学における「アルジェ学派」によって流布された植民地原住民に対する人種差別的な表象が、フランツ・ファノンが『地に呪われたる者』で行った徹底的な批判にもかかわらず、現在もなお、消極的なかたちにせよ、執拗に作用しているのではないかと思わずにいられなかった(1)。

北西部の古都トレムセンから入ったアルジェリアには、ヨーロッパ系の外国人の姿はまったくなかった。オラン、アルジェと大都市に移動したあとは、留学生など何人かほかの国の西洋人に出会う機会はあったが、一月の事件の直後、アルジェリアに旅をするなどということは、一般のフランス人には思いも寄らないことらしかった。一九六二年のアルジェリアの建国を、「テロリズム」による、フランスからの、不当な分離独立だったと考える人はいまもいる。それと対照的に、フランスにおけるマグレブ系移民に対する政治=社会的抑圧を、アルジェリア戦争の継続ととらえる移民運動系の活動家も少なくない。

独立戦争の記憶の継承は、この国では、主として民間人の手で担われていた。「オラン・アルジェリア戦争記念館」も民間のイニシャティブで設立されたもので、町の目立たない一角に、写真中心の展示と語りの空間が開かれていた。戦争中に死刑を宣告されて処刑された数十名の革命家たちの肖像が、ギロチン刑と銃殺刑に分けて壁一面に掲げられていた。当時のオランの街頭の映像は、アルジェリア人とコロンがそれぞれ群衆として対峙した、緊迫した日々の記憶を喚起していた。コロンが出国した直後の人影が消えた街路の写真には、「オラン、死んだ町（Oran, ville morte）」というタイトルが付いていた。「過去のない民族には未来もありません。独立戦争の記憶を子供たちに残すため、私たちはこの記念館を作りました。」初老の男性が、穏やかに言った。

　アルジェでは、一九五七年、カスバ（旧市街）の解放戦線の拠点を、植民地軍が包囲・壊滅させた「アルジェの闘い」の現場を訪れた。案内していただいた現地在住のスポーツ・トレーナー、シド・アハマド・アゼバク氏は、子供の頃、この闘いを間近で体験した方だった。アゼバク氏によるカスバの家の内部構造の説明はとても印象的だった。アルジェリアは地震多発国だが、独特の梁の構造によって、耐震性の高い家が作られてきた。建物が脆弱化したのは、水道を屋内に引くようになってからだ。かつて一二〇〇〇戸あった家は、いま五〇〇〇戸しか残っていない。カスバはアルジェリア革命の魂であり、カスバの消滅は、フランスが望んでいることだ……。

　この言葉の意味を、はっきり理解するのに、やや時間がかかった。アゼバク氏は、フランスに、アルジェリア再侵略の野望があると考えているのである。少なくとも、両民族の紛争の歴史に、次の頁がありうると。フランスでは、アルジェリアからの引揚者が中心的な支持勢力を構成する極右政党のFN（国民戦線）が、二〇一四年春の地方選、欧州議会選で躍進していた。アルジェリアからこの展開を眺めれば、旧コロンとその子孫たちが、かつて彼らを見捨てた祖国を、復讐心に燃えて征服しつつあるように見えても不思議ではない。

アルジェの民衆地区バベル・ウェッドは、九〇年代にはFISの拠点だったところだが、現在この地区で子供たちの教育活動に従事する世俗主義左派のNGO、「SOSバベル・ウェッド」の若い活動家たちも、おそらくインターネットを通じて得た認識だろう、現在のフランス世論の底流に、アルジェリアに対する根深いルサンチマンが伏在していることを指摘していた。また、歴史家、人類学者で出版社の経営者でもあるラシード・ケッタブ氏も、フェルナン・ブローデルの『地中海』を引きながら、地中海の北岸と南岸のあいだに平和が長続きしたためしはない、いまアルジェリアは穏やかだけれど、自分たちは穏やかさに慣れていないから、いずれ何かが起きるだろうという覚悟がどこかにあると語った。

一九五四年から七年半続いた、この国を独立に導いた解放戦争は、戦争の歴史のなかにどのような位置を占めるのだろうか。「アルジェの闘い」は植民地軍の勝利に終ったが、ひとつの戦闘に勝つことは、戦争に勝つことではない。武力では圧倒的に優位な植民地軍が、戦闘における勝利をいくら重ねても勝てなかったのが、被抑圧民族による、植民地解放戦争だった。それはすでに、前世紀の三〇～四〇年代の、中国大陸における日本帝国陸軍の経験でもあった。そして今日、例えばアフガニスタンで、日々証明されていることでもある。

イラン系の国際政治学者ベルトラン・バディは、端的に、「戦争はもはや勝てるものではなくなった」と言う。ドミニク・ヴィダルとともに編んだ論集『新しい戦争――二〇一五年の世界の現状』のイントロダクション「昨日と今日の戦争」で、バディは一七世紀のウェストファリア体制から現在に至る、戦争の変貌の歴史を跡づける。ヨーロッパ大陸における君主国間の戦争は、勢力均衡を土台とした、明確な戦争目的と戦争原因を有する武力抗争だった。「別の手段による政治の継続」というクラウゼヴィッツの周知の定義は、戦争を理性的経験とみなしうると考えた、「古典的」戦争観の集約的表現である。

バディによれば、フランス革命後の国民軍創設とともに、現代のもっとも「新しい」戦争に至る、ひとつの歴史過程が開始される。戦争の「社会化」である。軍事エリートによる理性的な戦略構築によって戦争が思考可能とみなしえた時代は、幾多の曲折を経て、第二次世界戦争とともに終わりを告げた。戦争を実際に行うことで国家間の力関係の変更を目指す主権者の冒険に代わり、核兵器を中心とした軍拡競争の時代が訪れる。戦争と平和は対立することを止め、「敵」概念は、カール・シュミットがそれに求めたような、秩序構築的性格を喪失し、戦略に軍事テクノロジーが取って代わる。そして実際の戦闘が行われるのは、世界の「北」ではなく「南」になる。植民地解放戦争はその最初の類型であり、占領者に対して立ち上がった被抑圧民族の社会のなかでは、「民間人」と「軍人」の区別は、もはや意味をなさなかった。アルジェリア戦争は、このカテゴリーに属する戦争の、もっともよく知られた事例である。戦争への「社会」の浸透は、しかし、一九六〇年のコンゴ動乱を嚆矢として、脱植民地化を目指す社会運動が国家形成に失敗したとき、いっそう明瞭なかたちで観察されることとなった。

実際にはこれらの「新しい戦争」は、まず、当該社会が経験する、激烈な社会的危機の状況を反映する。国家間の競合の結果ではなく国家の挫折から、その弱さから、それは派生したものだ。国家はおのれを確立することができず、正統性を欠き、社会の分解に向き合うすべを知らない。ヨーロッパでは政治的行為の延長だった戦争は、ここでは、国家の甚だしい不足の結果として現れる。だからこそ、戦争に棲みつくさまざまな社会的参照項が増殖するのであり、部族、エスニック集団、宗教、家系、主従関係といったこれらの参照項が、代替物として介入するのである。(2)

ここでバディが、第三世界の内戦の戦争原因（casus belli）を、新植民地主義的な大国の介入等の外的要因か、部族対立等の内的要因か、いずれかに振り分けることを求める従来の理論枠組みを退け、「国家の不足」という構造的要因を強調することで、表面上状況規定的にみえる諸要因に、国家の「代替物」(substitut)という地位を与えていることに注意すべきだろう。国家形成の失敗から生じるこの「新しい戦争」を象徴するのは「少年兵士」という存在である。彼らが一〇代前半で兵士になるのは、そのことによってはじめて、生活必需品が、武器が、社会的承認が得られるからにほかならない。「今日、新しい戦争は、国家の彼方で、あるいはその外部で、社会の歯車装置そのものと一体化しており、どんな政治的中心性からも離脱してしまっている。」

かつてピエール・クラストルは、『国家に抗する社会』のなかで、いわゆる未開社会の戦士共同体は、他の共同体との恒常的な戦争によって、国家的上部構造の形成を阻止し、政治以前的状況に留まることを、なかば意識的に追求していることを示そうとした。バディによれば、今日私たちが立ち会っているのは、いわばこのプロセスの反転である。問題はクラストルが「暴力の考古学」と呼んだものであるよりは暴力の「再発明」であり、アフリカ諸国ばかりでなくアフガニスタンでも、また中東でも、「戦争経済」と呼ぶほかないようなかたちで、すべての社会的紐帯が戦争と、分かち難く連繫してしまっているのである。このシステムのなかでは、雇用、食糧、衣料、地位等、すべての社会的資源が、軍事的ないし準軍事的な非国家的組織によって供給される。そして、このシステムの内部で生まれ、育ち、生きることを学んだ人々は、そこから出ることをかならずしも望まない。この人々が知っている唯一の「平和」は戦争のなかにあり、最良の仮設に立っても数十年を要する国家建設の道は、即時的には、現在享受している僅かな社会的資源の放棄を意味するからである。

これら国内戦争を糧として生きる「戦士社会」は、その一方で、急速に国際化する傾向を持っている。このことが逆説的に見えるとしても、それは外見上のことでしかない。「戦士社会」はグローバル化の外部を構成しているのではなく、まぎれもなくその内部に位置している。それは世界的な情報ネットワークに接続されていて、自分たちの歴史的状況を世界の他の地域と比較しつつ、みずからの現状の責任の所在を、つねに探し求めているのである。

ニジェールのウラン、コンゴのレア・メタル、もちろんイラクの石油など、豊富な地下資源は、国家不在の状況下で、強欲な外部勢力、多国籍企業や旧植民地宗主国の、現在も依然帝国主義的な〈北〉の大国を引きつける。形骸化した国家がこれらの勢力と主従関係にあることは、とりわけ地域民衆の眼には明白であり、「戦士社会」に生きる人々は、必然的に、反西洋的な世界観を持つことになる。

私たちが理解しなければならないことは、集団的自衛権の行使がひとたび認められたならば、日本の自衛隊が「積極的平和主義」の名のもとに、米軍と、あるいは米国以外のNATO加盟国の軍隊とともに参加することになるのは、さまざまな名称の「テロリスト」組織とではなく、その背後に存在する、これら「戦士社会」に生きる人々との戦闘なのだということである。戦争のなかでしか生きられない人々との戦争、これが「積極的平和」という言葉の中身なのだ。

バディは、平和構築や平和維持の名のもとに展開されてきた〈北〉側諸国の軍事介入政策が、結局のところ、旧来の戦争観を抜け出せていないことを指摘する。とりわけ戦略概念の抜本的改鋳の必要が軽視され、ドローンやロボットなど軍事テクノロジーの「進歩」が戦略的貧困を補いうるかのような幻想が流布している。戦争目的の曖昧さが、「人道的」と称される介入政策をたちまち変質させてきたことは、湾岸戦争以来の私たちの時代の経験が、いまや証明し尽くしているにもかかわらず。

「戦士社会」に固有なことは「自己目的化」していることである。このこと自体に働きかけるために、明確な目標を立てることが、不可能になっているのである。介入の論理がわずかなりとも明言されるとして、どんな目的に、それは対応しうるというのだろうか？　暴力の停止なのか？　レジーム・チェンジなのか？　それとも「憲法的秩序」の再建なのか？　まるで偶然であるかのように、暴力の停止を目標に掲げて決断された介入はどれも、たちまちレジーム・チェンジの、さらには新秩序創設の意志に転化する。ここではリビアの事例が象徴的である。(3)

要約すれば、バディの分析から導かれる結論は、「戦士社会」を生み出した社会的病理を真剣に手当てするための意志および能力を形成する努力と無縁のところで決定されるどんな介入政策も、国際法上のどんな根拠を持ち出そうと、「戦士社会」に養分を供給することしかできず、同種の「戦士社会」の鎖状の増殖を引き起こし、暴力の循環を助長する結果しか生まないということである。

もちろんここで湧き上がるのは、自民党安倍政権は、そのようなレベルで問題を立てていないのではないか、現代世界のもっとも深刻な現実に、解決をもたらす責任を負う意志など、そもそも持ち合わせていないのではないかという疑問である。改憲もひとつの政治目標であるとすれば、解釈改憲による自衛隊の事実上の国軍化の推進は、「別の手段による政治の継続」ではあるだろう。「古典的」戦争観は、その意味で、世界のどこよりも日本の改憲勢力の頭のなかで、歪曲されつつ、牢固として生き延びているのかも知れない。

私たちは、湾岸戦争後の掃海艇派遣とカンボジアPKOに始まった、四半世紀を超えるひとつの歴史過程の、決定的な転換点に立ち至っている。冷戦後の世界で、「国際社会」の統一行動として、国際法上の「犯罪国家」(「ならず者国家」)に制裁を加えるという「国際警察」の論理に、日本国家の指導者たちが、当初からその精神において賛同していたかどうかはさだかではない。このタイプの「正戦」イデオロギーの回帰に機会主義的に便乗し、改憲に向けたロードマップを、プラグマティックにそれに重ね合わせてきたと考えたほうがより真実に近いだろう。むしろ日本が元祖「ならず者国家」だからこそ、このタイプの軍事活動への関与を深めつつ、次は「勝ち組」に回りたいという欲望を、ひそかに募らせてきたのではないだろうか。

明確な政治目標に導かれた理性的な軍事政策という意味では、日本国家の戦略目標は、地域覇権をめぐる中国との地政学的矛盾の深まりのなかで、当面は国連の常任理事国入り以外にないだろう。経済と軍事では中国の優位はもはや動かない以上、一世紀半独占してきた地域覇権国家という帝国主義的立場を放棄する合理的な選択ができないかぎり、国際法上で同等の政治的地位を得ようとする欲求は、いやがうえにも高まらざるをえない。現在の安保関連法制改定の動きにしても、一見米国の要請に従っているようにみえて、実際は米国以外の国との軍事的同盟関係を形成、強化する可能性を開くことで、国連政治の力学のなかで、日本固有の利益を追求することが目論まれているのである。

ここでシリア情勢を振り返っておくことは、アジア以外の地域における、中国と日本の位置を考えるうえで有益だろう。二〇一三年九月、米国がアサド政権打倒を目的とした地上軍派遣にもっとも傾いたとき、中国はロシアを支持して介入反対の姿勢を貫いた。いまやアフリカにプレゼンスを持つ大国である中国は、リビア内戦の際、フランスの働きかけを受けて、二〇一一年三月一七日の国連決議一九七三号の採択時に、拒否権発動を封印して棄権を選択していた。その背景には、リビア在住の中国人の安全確保の必要もあったようである。しかし、中東研究者のジャン＝ヴァンサン・ブリセによれば、政権転覆からカダフィ殺害に至る展開を目の当たりにして、民間人の保護という公式の目標を平然と逸脱した西側諸国の行動を、中国は重大な背信行為とみなしており、そのことが、シリア情勢に関する政策決定をおおきく規定したという。リビアの経験は、中国が内政不干渉原則を確認し直すうえで、ひとつの重要な契機になったのである。(4)

自民党安倍政権が掲げる「積極的平和主義」を、このような中国のスタンスと対比させて見るならば、西側の軍事介入が確信犯的に変質を遂げていく事例をいくつも目にしながら、かえってこの過程に、確信的な共犯者として、いっそう深くコミットしていく姿勢を、世界に向けて顕示したものであることが理解される。この命名には、中国の内政不干渉原則との「違い」をアピールする意図が、ことさら鮮明に表現されていると考える余地もありそうである。東京オリンピック招聘などについても同じことが言えるが、この政権が騙そうとしているのは国内の日本人だけではない。今日では「国際社会」を騙せなければ自国民も騙せないことを、彼らは彼らなりによく知っているのである。

アルジェリアの人々は、サハラ以南のアフリカや、中東、南アジアに広がる「戦士社会」の現実を、対岸の火事のように眺めてはいない。「暗黒の一〇年」は、みずからの足元に、突然「戦士社会」が出現する潜在的可能性があることを、膨大な犠牲とともに、この国の人々に教えたのである。そして偉大な独立戦争の歴史においても、解放区の経験などに「戦士社会」的要素はすでに含まれていたこと、その意味で、「戦士社会」は、無条件に否定されるべき現実ではないことも、この人々は知っている。独立戦争は、アルジェリア人同士の内戦でもあった。「暗黒の一〇年」以後の独立戦争の表象は、その認識を踏まえて再構築されつつあるようだ。

一世紀以上のあいだ内戦を知らず、侵略戦争しか経験がない日本の「平和主義[5]」。護憲派のそれも、戦争の歴史を直視する作業を通して、鍛え直されなければならない。

註

（1）フランツ・ファノン「地に呪われたる者」、鈴木道彦・浦野衣子訳、みすず書房、一九九六年。とりわけ「民族解放闘争における北アフリカ人の犯罪衝動性」の章（一七〇頁以下）を参照。

（2）Bertrand Badie, «Guerres d'hier et d'aujourd'hui», in *Nouvelles guerres-l'état du monde 2015*, sous la direction de Bertrand Badie et Dominique Vidal, la Déconverte, 2014, p.15.

（3）*Ibid.*, p.20-21.

（4）Jean-Vincent Brisset, «Chine-Syrie: Une politique de la cohérence», in *Les Cahiers de l'Orient*, n。116, automne 2014.

（5）鵜飼哲「戦争――内戦の黙示録と〈病〉のレトリック」（「抵抗への招待」、みすず書房、一九九七年）および「欧州を覆った内戦的状況」（毎日新聞夕刊、一九九八年九月二八日）参照。

「みずから播いた種」
――二十一世紀のフランスの変貌

『現代思想』2016年1月臨時増刊号　総特集＝パリ襲撃事件

一九九八年、スタード・ド・フランス。ワールド・カップ・フランス大会決勝戦。フランスはブラジルを三対〇で破り、初優勝を果たす。アルジェリア系のジダン、アンティーユ諸島出身の両親を持つアンリ、ヌーヴェル・カレドニ出身のカランブ等、多様な出自の選手からなるこのチームの勝利は、あたかもフランス社会が順調に多民族共生に向けて変貌しつつあることの証しであるかのように祝福された。「国民戦線はもう終わりだ。」今では想像することさえ難しいが、そんな声さえ聞かれた。シャンゼリゼにマルセイエーズが響き渡った。

二〇〇一年九月下旬、スタード・ド・フランス。フランスとアルジェリアの、アルジェリア独立後初の親善試合が行われる。試合開始前、チュニジア系の女性歌手が歌うマルセイエーズが、観客席の一部からの激しい口笛で中断される。試合のほうは世界チャンピオンのフランスと、十年越しの内戦からようやく脱しつつあったアルジェリアのあいだの力の差は如何ともし難く、前半は三対一で終了する。後半、フランスが四点目を入れたところで若い観客たちがグラウンドに乱入。カール・ルイスのように、アルジェリア国旗を体に巻いて走り回る少年もいた。試合はそこで中止になった。〈九・一一〉に続く日々、移民系の青少年が日常生活で強いられた極度の緊張が、このような形で爆発したのだった。逮捕者たちは、祖国アルジェリアのメディアでも、国の名誉を傷つけた「ならず者」と指弾された。

二〇一五年一一月一三日、スタード・ド・フランス。共和国大統領臨席のもと、フランスとドイツの親善試合が行われる。自爆攻撃、そしてマルセイエーズ……。

「記憶の場所」が過剰に、しかし不等に配分された社会空間のなかで、象徴的な場所で象徴的な事件が起こる――その分かりやすさ、ある種の透明性。フランス共和国の歴史から固有の何かがまだ残っているとすれば、ひとつはそこに求められよう。もっとも多くの人々が殺戮されたコンサート・ホールのバタクラン、カフェやレストランが銃撃を浴びたパリ一〇区、一一区は、いずれも共和国広場やバスティーユ広場から遠くない。一八八三年、第三共和制への移行期に建造された共和国広場の女神像の台座には、大革命から最初の「国民の祭典」まで、一世紀の激動の歴史のレリーフが刻まれている（パリ・コミューンの記憶だけが、おそらくことさらに消去されている）。一月のシャルリ・エブド事件の後も、また今回の事件の後も、人々が哀悼を捧げに来る場所は、事件の現場とならんで、この女神像の周りだ。多くのフランス市民には、「イスラーム蒙昧主義」との「闘い」は、共和国の理念の防衛と別のこととみなされてはいないらしい。この局面、この場所でマルセイエーズを歌うことを、自然な行為と感じている人も少なくない。一月七日、シャルリ・エブド事件直後の緊急集会で、ヨーロッパ系の若い参加者たちの口からマルセイエーズが、はしなくも漏れ出す場面に至近距離で立ち会った。深く、そして恐ろしい時間だった。しかし、事の是非以前に、これら国民＝共和主義的な反応のすべてが、この社会が現在直面している危機の本質に照らして、どうしようもなく的外れであることは、いまや明らかなように思われる。

一五人が命を落としたレストラン「ル・プティ・カンボッジ」は、九月初旬、友人たちと昼食をともにした場所だ。今年の三月末まで一年間、私はサン＝マルタン運河の反対側のヴァルミ河岸で暮らしていた。橋を渡り、聖ルイ病院の壁沿いにビシャ通りを南に下ると、やはり今回襲撃を受けたカフェ「カリヨン」と「ル・プティ・カンボッジ」が対角に向かい合っている四つ辻に出る。当時の自宅から、徒歩十分足らずの距離である。

フランスは戦争中の国だ。二〇一三年一月、マリ内戦に介入したセルヴァル作戦の発動以来、切れ目なく軍事展開が続いている。シャルリ・エブド事件以前から、鉄道の主要駅や繁華街では、武装した兵士がいつも徘徊していた。この光景は道行く人々にとって、安全の指標ではなく、不安の発生源だった。こんな活動で暴力的な事件が予防できるなどと、とても信じられる空気ではなかった。二〇一四年五月末の欧州議会選で、膨大な棄権率を背景に、国民戦線がはじめて比較第一党の座を占めた。こうして災厄の予感は、日常の皮膚感覚のすみずみに、深く浸透していった。どこで何があってもおかしくないという緊張が心身から消えることはなく、自分が遭難したのちの光景が白昼夢のように脳裏をよぎったこともあった。そんな日々を過ごしたためか、今回の事件で、ひとつ間違えれば自分が犠牲になったかも知れないというような想念は、もはやまったく浮かばなかった。フランスの歴史的状況がこのようなものである以上、この国に身を置く限り危険は避けられない。パリ地域六カ所同時襲撃事件は、その意味で、完全に予見可能な惨劇だった。

バタクランの襲撃に関しては、ワッハーブ派イスラームの教義を奉ずる勢力が、音楽文化をつねに敵視してきたことを、まず想起しなければならない。芸術的才能を少数者の特権として警戒する宗教的解釈に加え、民衆の、とりわけ若者の心をつかむことを目指す政治的イスラーム運動にとって、音楽は最大の障害としてその途上に現れるからだ。昨年は、厳格なシャリーアの適用を唱える武装勢力に制圧されたマリの古都を舞台とする映画作品、モーリタニア出身のアブデラマン・シサコの『ティンブクトゥ』が話題になった。日本公開タイトルは『禁じられた歌声』となったようだが、確かにこの映画には、隠れて音楽に興じていた若者たちが摘発される衝撃的な場面がある。遠方の出来事であり、スクリーン上のイマージュだったものが、一年後、パリのコンサート・ホールの現実になった。

二〇年前のアルジェリア内戦では、カビリア地方のカリスマ的なシンガー・ソング・ライターだったマトゥーブ・ルーネスや、オランを拠点とするライの人気歌手シェブ・ハニなど、多くのミュージシャンが暗殺された。旧宗主国フランスではしかし、その時代の記憶は思いのほか希薄だ。今回の事態を、アフリカ、中東、地中海の南北両岸を横断する一連の出来事のなかに位置づけて認識しようとする態度は、活動家や研究者の狭いサークルを超えて、広く共有されているとは言い難い。

パリ一〇区、一一区の襲撃について、浮薄な消費文化に対する断罪という意図を指摘する声がある。しかし、この見方はやや単純に過ぎるようだ。ビシャ通りはサン＝マルタン運河の観光ゾーンの北限に近いので、換喩的にそのようにみなされた可能性はある。とはいえこの辺りは、民族的出自が異なる人々の混住が、パリ市内でももっとも進んだ地区とも隣接している。「カリヨン」はカビリア出身のアルジェリア人が四〇年経営してきたカフェであり、同じ建物の二階より上は安ホテルになっていて、この十数年のパリの家賃高騰のため住居を失った家族たちが、月三〇から四〇ユーロの宿泊費を払って暮らしている。

ここから歩いて一〇分足らずのベルヴィル地区は、移民の歴史と分かち難く結びついて変貌してきた町だ。エリック・アザンはその沿革を、こんな筆致で粗描している。少し長いが引用しておきたい。

「現在ベルヴィル地区には中国人の姿が多いが、これはこの地区の長い移民の歴史の最後に出現した現象である。ベルヴィルには、まず二〇世紀の初めの虐殺から逃れてきたロシアやポーランドのユダヤ人が丘の下の方に住み着いて、ウッチ〔ポーランド中央部の都市〕やミンスク、ビャウィストク〔ポーランド北東部の都市〕の工場で織物や既製服の技術を習得した労働者の伝統が生まれた。一九二〇年代、ベルヴィルにはカスケット〔庇付き帽子〕を製作する労働者の組合（CGT〔労働総同盟〕）があって、その組合旗のネームはイディッシュ語で書かれていた。モロッコ革製品、毛皮商人などもいて、ユダヤ人職業と言われていた。ジュリアン＝ラクロワ通りのユダヤ教会堂ではイディッシュ語が話され、〈リュミエール・ド・ベルヴィル〉ではワルシャワと同じように〝ゲフィルテフィッシュ〟や〝ビッケルフライシュ〟がメニューに載っていた。次いで一九一八年になると、トルコから逃れてきたアルメニア人がベルヴィルにやってきた。アルメニア人の共同体はジュー＝ルーヴ通りやビソン通りを中心につくられたが、彼らの専門は靴だった。そのあと小アジアから追い出されたギリシャ人がやってきて、さらに一九三三年にはドイツのユダヤ人、一九三九年にはスペインの共和主義者がやってきた。ユダヤ人は一カ所に固まって住んでいたので、一九四二年七月フランス警察はなんなく一斉検挙を遂行できた。ベルヴィルからドランシー経由でアウシュヴィッツに送られたユダヤ人は八〇〇〇人にのぼると見られている。

第二次大戦後、フランスは国の復興の労働力としてアルジェリア人を呼び寄せた。それもあって、アルジェリア戦争中、ベルヴィルはラ・シャペルと並んでFLN（民族解放戦線）の主要拠点のひとつだった。そうではあったが、一九六〇年代にはピエノワール（独立前のアルジェリア在住フランス人）や、とくにチュニジアのユダヤ人が大挙してベルヴィルに住み着いた。ベルヴィル通りとメニルモンタン通りのあいだのベルヴィル大通りではビソン通りとフォンテーヌ＝オ＝ロワ通りがこの二つの地区の境界線をなす。ベルヴィル側はレモン通りとランポノー通り、それにパリカオ通りで、ここはユダヤ・レストラン、菓子屋、ユダヤ人の経営する食料品店が集まっている。メニルモンタン側は、マグレブ旅行の旅行代理店、イスラームの書店、それにカビリアのカフェ——なかでもメトロの駅近くの〈ソレイユ〉は素晴らしい——が立ち並んでいる。この境界線は商店の特色から読み取れるが、住民は大通りで平穏に混じり合っていて、菓子屋のテラスでユダヤ人の老女がお茶を呑み、ブーブー〔アフリカ黒人の裾の長い民族衣裳〕を着た黒人のお母さんが赤ちゃんを背中に背負って市に買いだしに行くために道をのぼり、ヴィリニュス〔リトアニアのユダヤ人ゲットーがあったところ〕のように頭に黒い帽子をのっけた正統派ユダヤ教徒が歩き、年取った労働者が集まってアラビア語やカビリア語で会話しながら日光浴をしている姿などを見ると、実に寛容な人類共同体の真ん中にいるような気分になる。(1)」

ビシャ通りの襲撃は、このような歴史を持つ、稀有な混成社会に対する攻撃でもあったのではないだろうか。「イスラーム国」の政治路線の一方の柱がイスラーム分離主義であるとすれば、このような「寛容」は「人類共同体」にあってはならないものだからだ。

とはいえ今回の事件では、私の関心は、シャルリ・エブド事件のときに比べ、襲撃者たちの思想や主体性の側にはあまり向かわなかった。シャルリ・エブド社の襲撃は、風刺新聞による、イスラームの預言者の戯画の掲載を発端とする事件であり、フランスの信徒共同体の代表とみなされるパリ大モスクが訴えを起こした裁判が、モスク側の敗訴に終ったことを受けて起きたものだ。その宗教的、社会的、文化的文脈は明確であり、クアシ兄弟の兄は少年期から敬虔な信徒だった。背後関係について当事者が何を語ったにせよ、「預言者の復讐」を誓った兄弟の思想と情念が、この出来事の核心にあった。

一一月の一斉攻撃は、一月の事件を前提している。すでに大きく揺れているフランス社会に、さらなる一撃を加えるという政治的意図を想定せざるをえない。規模の大きさ、準備の組織性の水準の高さは、個々の実行主体の出自、経歴、内面の重要性を、少なくとも事件そのものとの関連では低下させる。「イスラーム国」を中心に据えて状況を把握しようとする試みも、なぜ今フランスがこのような形で狙われるのかという問いに対し、かならずしも適切な回答を用意しないだろう。二一世紀に入ってフランスが、ここまでどのように変わってきたか、その内外政策のドラスチックな転換にこそ、むしろ当面の分析の主眼を置くべきではないだろうか。

オランド社会党政権のフランスは、二〇一三年一月のマリ介入以来、「反テロ戦争」に一気に傾斜していった。中東以前にアフリカから、その軍事展開は始まっていた。チャド、セネガル、コートディヴォワール、ガボン、ジブチという旧植民地五カ国に、フランスは軍事基地を持っている。また中央アフリカ、スーダン、コンゴ民主共和国、ブルンジ、エリトリア、西サハラに、フランスは国連の平和維持活動などの名目で派兵している。さらにトーゴとカメルーンにも、軍隊が駐留している。サハラ以南のアフリカへの、フランス軍のこの広範な展開は、フランソワ゠グザヴィエ・ヴェルシャヴの名高い告発書のタイトルから「フランサフリック」と呼ばれるようになった、フランスのアフリカでの、手段を選ばない新植民地主義的収奪の構造に対応する。(2)

二〇〇三年のイラク戦争は、拒否権を持つ常任理事国フランスの反対のため、国連安保理決議なしに強行された。当時のフランス外相ドミニック・ド・ヴィルパンの反戦演説は、世界に大きな反響を呼んだ。ところがこののちフランスは、まず国内で、植民地主義の記憶、イスラーム、そして大都市郊外の移民社会との関係で、大きな混乱に突入する。二〇〇四年三月、公教育におけるヴェール着用禁止法が制定される。続いて二〇〇五年二月には、「植民地化の肯定的役割」を学校教育で教えることを規定する法律が議会を通過する。その年の一一月、警官に追いつめられた少年二人が発電所に逃げ込み感電死した事件をきっかけに、郊外の若者たちが駐車車両に火を放って蜂起する。この事件を引き起こした張本人である内務大臣ニコラ・サルコジは状況の緊迫を徹底的に利用し、従来体制内右派が抑制してきた人種主義的な排外主義煽動に訴え、攻撃的なネオリベラリズム路線を掲げて、翌々年の大統領選に勝利する。

サルコジ政権下でフランスは、中東における外交方針を、親イスラエル路線に転換する。そして二〇〇九年、四三年ぶりに、北大西洋条約機構（NATO）に復帰する。一九六六年、ドゴール政権は、冷戦、中ソ論争、ヴェトナム戦争という時代状況のなかで、第三極の形成を目指してNATOを脱退した。この対米自立路線の代価はフランスの核武装であり、それが一九七〇年代以降の原発大国化の呼び水ともなった。「フランサフリック」の構造も、この時期に確立したものだ。とはいえそれは、脱植民地化以降の地中海世界で、フランスが地政学的安定を確保するための戦略的選択でもあった。NATO復帰はフランスが、没落期に入った植民地帝国の生き残り戦略として、それなりの整合性をそなえた政治体系だったドゴール主義を、一方ではEU統合の深化、他方では〈九・一一〉後の世界情勢の変化のなかで、まさに「フランサフリック」をのぞき、最終的に清算することを意味していた。二〇一〇年代のフランスの軍事展開は、このような内外の政策転換の延長上で起きてきたのである。

二〇一一年、リビアで内戦が開始されると、政権軍の重火器による虐殺から民間人を保護するという名目で、フランス、イタリア主導のNATO軍は、国連決議一九七三号を根拠に介入しながら、国連から付託された任務を平然と踏み越えて、カダフィ殺害という事態に突き進んだ。この出来事は、地中海世界における帝国主義勢力の覇権が、米国の戦略に即して一方向的に構造化されていた時代の終焉を告げた。それがフランスのNATO復帰の、第一の効果だったことは注目にあたいする。カダフィ政権の崩壊は、サヘル、サハラ地域一帯でのイスラーム主義運動の活性化につながり、多くの武器の拡散を引き起こすと同時に、これまでリビア軍に加わっていたトゥアレグ人の兵士たちの帰還を促した。こうした要素が結合したところに、おそらくはアルジェリア軍部の一部によるなんらかの画策も加わって、マリ内戦の前提となる情勢が形成されていくのである。

二〇一二年一月一七日、トゥアレグ民族の独立を要求する「アザワッド解放民族運動」（MNLA）が、アルジェリア系のイスラーム主義運動「アンサール・エッディーン」と連携して蜂起する。そこに一九九〇年代のアルジェリア内戦の残存勢力から構成された「イスラーム的マグリブのアルカーイダ」（AQMI）が参入、孤立した北部のマリ軍に壊滅的な打撃を与え、古都ティンブクトゥを含む諸都市が反乱軍の手に落ちる。

しかし、イスラーム主義諸組織とトゥアレグ独立運動は三月末には決裂、MNLAは征服された諸都市から放逐された。「西アフリカ諸国経済共同体」(CEDEAO)とフランス、アルジェリアの外交活動が活発化するのは七月以降、九月には国連でアフリカ諸国軍主体の介入の可能性の検討が始まる。一二月、国連決議二〇八五号が満場一致で採択され、CEDEAO軍は派遣準備に着手する。一月、イスラーム主義勢力がバマコに向けて南進を開始、マリのディオンクンダ・トラオレ大統領はフランスに正式に支援を要請した。以上がセルヴァル作戦発動に至る簡単な経緯である。

フランス軍は比較的速やかに北部の諸都市を奪回し、後の治安任務の主力をCEDEAO軍に委ねる。フランスの世論はこの作戦を全体として成功とみなし、オランド大統領の支持率は就任後初めて上昇に転じた。しかし現地で起きたことはマリの事実上の保護国化であり、一月二三日にはフランスの特殊部隊が隣国ニジェールのウラン鉱の警備強化に当ったことからも窺えるように、国境を超えたフランスの資源確保の必要にも動機づけられていた。政治学者のミシェル・ガリは、フランスの介入政策における現地の情勢認識の杜撰さを列挙したうえ、この戦争の結果生じた危険な徴候を、二〇一三年のうちに、すでに以下のように指摘していた。

「より深刻なのは社会党政権が、〈九・一一〉後にジョージ・W・ブッシュが持ち出した「テロとの戦争」のレトリックを取り上げ直したことである(バラク・

オバマは的確にも、戦争は或る作戦様態に対してなされるものではないと宣言してこれを拒絶したのだが)。このことはイデオロギー的屈服のように響くとともに、軍事＝宗教的運動の社会的基盤を考慮できず、従って軍事行動に代わる可能な代替策を考案することもできないという無力さの証しでもある。(3)」

また、国際関係論のモハマド＝マフムード・ウルド・モハメドゥは、今世紀に入ってからの南北関係の主要な変化を三点挙げる。その第一はポスト植民地国家のいっそうの脆弱化であり、とりわけ〈九・一一〉以降権威主義体制に対する「国際社会」の「寛容度」が大きくなったことに比例して、これらの諸国が主権を事実上放棄し介入をみずから求める傾向が強くなったこと。第二の変化は非国家的交戦主体の出現であり、この現象は主権国家による暴力の独占に亀裂を生み、ポスト植民地諸国家の分解傾向を助長するとともに、それが西洋諸国の攻撃的な安全保障の論理、非正規戦争における剝き出しの力の行使のための口実となったこと。第三の展開はインド、中国など新しいアクターのアフリカへの登場であり、西洋諸国とこれら新興勢力のあいだの競争が、新たな「グレート・ゲーム」として激化しつつあること。こうした構造変動の結果現在起きつつあることは、一九―二〇世紀のような列強による直接的な植民地再分割というより、「外交を機能不全にし、紛争解決のために力の行使を是認する、国際関係の新たな文法の規範化」であり、フランスのマリ介入も、その国際法上の正当化

がどうであれ、完全にこの流れに棹さすものである。(4)

同じ二〇一三年のあいだに、フランスは中東への介入も画策し始める。シリアに対し、リビアに介入したときとほぼ同じ論理で、ダマスクスのアサド政権の打倒を目的とした軍事作戦を、米、英、イスラエルとの協調のもとで進めようとした。しかし英議会による派兵承認拒否、スノーデン問題も絡んだロシアとの折衝の結果のアメリカの後退、そしてリビア介入を容認したことを否定的に総括した中国の国連外交などの結果、この計画は挫折する。それ以降フランス政府がどのように中東戦略を立て直していったのかさらに検討が必要だが、いずれにしてもアサド政権を利する「イスラーム国」主敵戦略の採用は、この時期までのフランスの動きからは、ストレートには出てこない。

二〇一四年九月、アルジェリアの山岳地帯でフランス人の登山家が「イスラーム国」を名乗る集団に暗殺されたのち、フランスはイラク空爆への参加に踏み切る。そしてちょうど一年後、シリア難民二万人の受け入れ表明と同時に、難民流出の原因を除去するという口実のもと、シリアの「イスラーム国」支配地域に対する空爆を開始した。いずれも中東への関与を正当化する論拠としてはいかにも奇異に響く。現在もなお、フランス政府内部には、この選択をめぐって異論が存在するはずであり、今回の襲撃事件を声明通り「イスラーム国」が主導したものとすれば、二〇〇四年のスペイン、二〇〇五年のイギリスと同じく、西洋同盟における「弱い環」として、フランスは標的とされたのではないだろうか。一月一八日、「私はシャルリ」という標語を掲げた「共和国行進」の一週間後、初めて行われたイスラモフォビアに反対する集会で、ひとりの高齢の女性が、こう書かれたプラカードを手にしていた。「フランスはアフリカで石油とウランのために三つも戦争をしている。みずから播いた種だ。」

事件後のフランスは非常に奇妙な状況にある。緊急令下でCOP21は予定通り開催され、一一月二九日、対抗運動の側も「人間の鎖」を貫徹した。当日共和国広場では三百人を超える人々が逮捕され、これまでに昼夜を問わず二五〇〇件の家宅捜索が行われ、自宅軟禁措置を受けてパリに来ることができなくなった地方の活動家もいる。

一方一二月六日には地方選挙が行われ、第一回投票で国民戦線が、平均二七%の得票を得て第一党となった。社会党は二〇%をかろうじて超える支持しか得られず、第三勢力に甘んじた。民衆の不支持がこれほど明らかな政権に、三ヶ月続く緊急令が維持できるだろうか？　オランド政権は、民衆生活の平和よりも自分の再選、社会党の政権維持のため、右派、極右の機先を制するべく、憲法改正に手をつけようとしている。

今、世界中の支配者たちが、フランスで起こりつつあることを、おそらく注視しているだろう。フランスは、この時代の権力政治の可能性の限界を試す、ある種の実験場のようなものになった。中東にプレゼンスを持つ諸勢力の利害の複雑さからみて、高々と掲げられた「イスラーム国」壊滅という「戦争目的」を達成することは、ありていに言って非常に困難だろう。この危機が共和国をどこに導くか、予見不可能な出来事が到来するとすれば、それはむしろこれからだ。

註

（1）エリック・アザン『パリ大全――パリを創った人々、パリが創った人々』、杉村昌昭訳、以文社、二〇一三年、二二〇―二二一頁。

（2）フランソワ＝グザヴィエ・ヴェルシャヴ『フランサフリック――アフリカを食いものにするフランス』、大野英士・高橋武智訳、緑風出版、二〇〇三年。

（3）Michel Gali, «Guerre au Mali, une intervention bien française», in *La Guerre au Mali – Comprendre la crise au Sahel et au Sahara enjeux et zones d'ombre*, préface de Bertrand Badie, La Découverte, 2013, p.23-24.

（4）Mohammad-Mahmoud Ould Mohamedou, «Le nouveau «grand jeu» des poissances occidentales au Sahel», *ibid.*, p.60-62.

第2章

テロルの由来

歴史と思想

歴史的類比と政治的類比のあいだ

『〈鏡〉としてのパレスチナ――ナクバから同時代を問う』ミーダーン〈パレスチナ・対話のための広場〉編　現代企画室　2010年5月

アナロジーの重要性

私は南アフリカの専門家でもありませんしパレスチナの専門家でもありません。学生時代にニカラグアやエルサルバドルの解放運動の支援に参加したあと、いろいろな経緯を経てパレスチナにあるかかわりを持つことになりました。一方南アフリカには一貫して関心を持っています。パレスチナの行方とアパルトヘイトの時代から脱してきた南アフリカ、この両地域の歴史的過程をつねに併行して考えてきました。

峯陽一さんは先ほど「南アフリカという鏡」という表現を使われました。ひじょうに卓抜な表現だと思います。というのも、「南アフリカという鏡」に映るのはイスラエル／パレスチナばかりではなく、非常にたくさんのものがこの「鏡」には映ってくるからです。たとえば、われわれの意識のなかで対極にあるように考えられる二人の人物、マハトマ・ガンジーと石原慎太郎、彼らの顔もまた、ある意味で「南アフリカという鏡」に映るのです。

イーディッシュ語を話すユダヤ人が大量に南アフリカに移民してきて、不況のためもあってユダヤ人に対する排斥が高まった一九〇二年から三年ごろ、ここでユダヤ人だけでなく、インド人とユダヤ人に対する移民制限がなされます。ちょうどその時ガンジーは南アフリカにいて、ここで非暴力・実力闘争の方法論を編みだしたのでした。しかしその一方で、彼の闘いがインド人というコミュニティに限定した要求として行なわれたために、かえって人種隔離に加担したのではないかということもまた言われています。ガンジーという人物について世界中で定着しているイメージに、この南アにおけるガンジーという要素を組み込まなくてはなりません。

他方、石原慎太郎は、南アフリカでアパルトヘイトが解体される前、アメリカではレーガンが大統領の時代、そして日本人が「名誉白人」であったまさにその時代に、日本・南アフリカ友好議員連盟の会長を務めていました。ちょうどそのころ峯さんたちが熱心に活動されていて、大阪と東京に反アパルトヘイト闘争を支援する組織がありました。

石原は南アの白人に有色人種の優秀さを証明するのが日本人の使命であるという理由から、「名誉白人」という立場を正当化していたのです。支援委員会のほうで彼と会見して、その記録もその時期の運動機関誌に残っています(「アフリカ行動委員会ニュース」一二五号、一九八五年)。彼はのちに東京都知事になり、今もその職にとどまっています。

かつてアパルトヘイトを公然と擁護していた札付きの人種差別主義者が東京都知事である。このことをわれわれはひとときも忘れてはならないし、現に彼の政策によって歌舞伎町はその姿を大きく変え、外国人が住み、働くことがいっそう困難になりました。一九八〇年代の彼のアパルトヘイト擁護と二〇〇〇年代の都知事としての「三国人」発言や外国人抑圧政策は明白に繋がっているわけで、「南アフリカという鏡」に映すことで、その繋がりがはっきり見えてきます。

もうひとつ、峯さんが使われたアナロジーという言葉も重要なキーワードだと思います。アナロジーというと何かしら小難しい知的操作のように響きますが、これなしには政治的な活動の現場でどんな言説も成り立ちません。〈あれ〉と〈これ〉が同じ、あるいは似ているという直感、そのことがスローガンとして打ち出されることによって、新たな認識が得られることもあれば認識が歪められることもある。とりわけイスラエル、パレスチナ、それから南アフリカというファクターを踏まえてこの世界のありようを考えようとする時、アナロジーを慎重に用いる作業はとても重要であると思います。

南アフリカの歴史的経験をパレスチナの行方を考えるうえでどう生かすべきか、その枠組みを提示することが私に課せられた役割だと思います。まず私自身が南アフリカとどのように触れてきたかをお話ししつつ、徐々にそちらのほうに議論を進めて行きたいと思います。最終的には、「歴史的類比」と「政治的類比」を区別して、そこからどのような問題が今、運動の課題として、あるいは思想の課題としてわれわれの目の前にあるのか、明らかにできればと考えています。

個人史のなかの南アフリカ

私にとって南アフリカの最初のイメージは、出張した父が家族に送ってきた絵葉書です。だいたい一九六五年頃のことだと思います。私の父は普通の会社員でしたが、その彼が一九六〇年代半ばに南アフリカに仕事で出かけるような経済関係が、日本と南アの間にすでにできあがっていたのです。これは大変重要なことだと思います。この関係はおそらく数年のうちに、急速に形成されたはずです。それは金のボタ山の絵葉書でした。「ボタ山」という言葉も、この時はじめて出会いました。最初にあらわれた南アフリカは、鉱物資源、金やダイヤモンド、そしてウランがある、豊富な鉱物資源の国でした。それにしても、アパルトヘイト下で黒人たちが苛酷な労働を強いられていた金鉱が観光絵葉書になっていたことを考えると、異様な感慨に襲われます。

黒人問題が視野に入ってきたのはしばらく後でした。アメリカの公民権運動です。この運動が新聞などで頻繁に報じられるようになり、小学校でも、当時のオーストラリアの「白豪主義」なども教えられる。言い換えれば、この時代、南アフリカはたった一国で孤立していたわけではなく、白人優位の国や地域がこの世界にはあるのだという、ひとつの共通の枠組みのなかで、私の世代の小学生の前にあらわれてきていました。このことは忘れてはならないと思います。アメリカで黒人の大統領が誕生したということの意味を、幻想なしにどう考えるべきかという課題とも関わってくると思います。

そして、学生になり、シャープビルの虐殺（一九六〇年三月、黒人のみの身分証強制に反対する集会に警察が発砲、多くの死傷者が出た事件）という事実を知る。一九六〇年のこの段階では、イスラエルは南アを批判する立場に立っていました。ところが、この時南アに公然と加担していったのが実は日本なのですね。この虐殺について南アを非難せず、むしろ他国が距離を置いたこの時期に、この状況を奇貨としてこの白人共和国に接近していったのがほかならぬ日本でした。いわゆる日本の再帝国主義化の一段階にこの南アへの接近という政策が取られ、その対価として日本人は「名誉白人」という称号をもらう。要するに、「石原慎太郎」が出てくる。こういう流れだったのです。シャープビルの虐殺があり、そのことに目をつむって日本が南アに接近する、そのなかで私の父の出張があり、私の小学生時代のエピソードが生まれた。このような時代背景を知ったのは大学四年の時です。一九七六年、この年にソウェト蜂起がありました。スティーブ・ビコたちの黒人意識運動に続いて起こった少年主体のこの大規模な大衆叛乱は、ある意味で、インティファーダ以前のインティファーダでもあったわけですね。

この時期に私がえた、南アの新たなイメージについて、ふたつだけお話ししたいと思います。

『硬派と宿命――はぐれ狼たちの伝説』（世界群評社、一九七五年）という本があります。豊浦志朗という人のルポルタージュです。この人はおそらく、多くの人にとって、『ゴルゴ13』の原作者としての方が、知名度が高いと思います。そして、のちに船戸与一という名前で、人気の高い小説家になります。この人が若い頃に、世界のさまざまな地域を旅して書いたのが、『叛アメリカ史』（ちくま文庫、一九八九年）というアメリカのルポルタージュと、この『硬派と宿命』です。そこに南アの章があります。南アでは、先ほど峯さんからご説明のあった超搾取システムのなかで、ビルの建設労働者である黒人が、まったく安全装置のないまま空腹のあまり墜落死する。このような労働災害が日常の出来事で、なんら事故でも災害でもない。これがあたりまえの世界、それが要するに、アパルトヘイト時代の南アフリカだったのです。

もうひとつ、ソウェト蜂起の前の作品だったのか後の作品だったのか今はわからないのですが、『デンバサ最後の墓』という映画の上映会を、われわれのいた京都大学で行いました。デンバサというところにある共同墓地には、栄養不良で来月死ぬであろう子どもたちの墓が先に作られている。生まれてくる前に墓が作られている子どもたちがいる。それがこの時期、本当に忘れがたく刻みこまれた、南アフリカの二番目のイメージです。

当時私自身はラテン・アメリカの支援運動をおもに担当していたのですが、峯さんたちのグループとはいつも協力関係にあり、さまざまな催しに共同で取り組んでいました。

ふたつの共同体　共通する歴史意識

次に私がお話したいことは、イスラエルと南アのいわば中心にいるヨーロッパ人たち、この人たちをどう考えるべきか、ということです。ヨーロッパ・ユダヤ人とボーア人＝アフリカーナー、このふたつの共同体の共通点です。

両者はいずれもヨーロッパにおける宗教的迫害を経験したコミュニティです。ユダヤ人の場合は、それがある時期から民族的迫害へと性格が変化しました。ここのところの捉え方が大変難しいわけですが、客観的には、宗教的迫害が近代において変化したかたちとみてとりあえず間違いないと思います。

他方、オランダ改革派に属するオランダ人、さらにはフランス人のユグノー。つまりプロテスタントとして迫害を受けた人たちが南アフリカにやってきました。後述しますが、要するに北アメリカに移住した清教徒たちと同じような時代に、ヨーロッパから同じように排外された宗教的なコミュニティなのです。

「グレート・トレック」は、このボーア人の共同体にとって大変重要な出来事であり、旧約聖書が語るヘブライ共同体とみずからを同一視して、いわば「荒野の四〇年」になぞらえられて記憶されています。これは、一八三四年から五二年ぐらいまで、イギリスが本格的に入植を開始した時期に、その圧迫を受けたボーア人が、アフリカ系の諸民族、さまざまなエスニック・グループと戦いながら、沿岸部、ケープ植民地から逃れてしだいに内陸のほうに再入植していった過程というふうに言えると思います。こうして南アフリカが、彼らにとって「約束の土地」になる。旧約聖書の古代ヘブライ共同体に自分たちをなぞらえることで、近代的なボーア人の歴史意識が形成されていくという過程です。

この点でボーア人に、ユダヤ人に対する共感が歴史の一定のモメントであったとしても、しかし、神に「選ばれた民」はひとつしかない。これはドイツの近代的な民族意識についても言えることです。「世界に冠たるドイツ」、ドイツ人が「選ばれた民」であるという選民思想をナチズムは称揚しましたが、それはもっとも強烈な反ユダヤ主義に容易に転化しうるものを持っていました。

それからボーア戦争です。この戦争が日本で平均的に、どのように知られているのかよくわかりません。この戦争は、しかし、日本の近代史に大変な影響を与えたのです。これは二二年間という非常に長期にわたる、ボーア人つまりアフリカーナーと、イギリス人の戦争でした。その発端は、この地に鉱物資源が大量に発見されたため、イギリスが南ア全体を直接植民地統治しようと考えたことです。イギリスが鉱物資源の独占を追求するなかで起きた戦争です。最初ボーア人は強い抵抗を示し、第一次ボーア戦争はある意味でボーア人の勝利のようなかたちになりましたが、最終的にはボーアの二つの共和国が大英帝国に吸収合併されて敗北します。

しかしイギリス人は大変苦戦し、捕虜のボーア人を収容する強制収容所というものを大規模に作り出しました。強制収容所という施設は、このボーア戦争の過程で、イギリスによって作られたのが世界最初であるという説が現在では有力です。言い換えれば、最初に強制収容所を経験したのはボーア人だったのです。この経験は、迫害の歴史として、この共同体のなかで記憶されることになります。

大英帝国はボーア戦争に大きな力を割かざるをえず、ユーラシア大陸におけるロシアとの勢力均衡が崩れていく。この世界政策上の危機の局面で、イギリスは日英同盟に傾斜していく。ボーア戦争が終結した一九〇二年、日英同盟が結ばれます。その二年後に、日露戦争が起きるのです。

日英同盟なしに日露戦争での日本の勝利はありえなかった。したがって、われわれは、ボーア戦争から日露戦争までを、大英帝国を媒介とした、ひとつの歴史的な連続性として理解する必要があります。これもまた、「南アフリカという鏡」に映るもののひとつです。

アパルトヘイトとシオニズム

次にアパルトヘイトとシオニズムという、この二つの植民地主義のケースの類似点と相違点を、三点ずつ挙げてみたいと思います。ひとつは、いずれも宗主国なき入植植民地主義であり、孤立主義から原住民搾取へ転化していった点が類似点として挙げられます。シオニズムは、少なくとも理想としては、ユダヤ人だけの国を作るということで、キブツ社会主義を構想したわけです。それが事態の推移のなかで、アラブ人の労働を搾取する構造に変わっていった。ボーア人の場合、最終的にはある意味で非常に「合理的」な黒人労働力の搾取のシステムとしてアパルトヘイトが完成したわけですが、もともとどのような植民構想があったのか、アパルトヘイトがこの共同体の最初のイメージとどういう関係にあるのかについては私は不勉強です。いずれにしても、孤立主義から原住民搾取へ、何らかのかたちで変化していったのではないかと思います。

二番目は、先ほど確認したように、共通の民族神話を持っていることで、この神話を参照しつつ被害民族としてのナラティヴを発展させてきたことです。イギリスやフランスのような大植民地帝国ではこのようなナラティヴは発達しにくい。この神話の裏にあるのは、アフリカ人に、アラブ人に完全に包囲されているという被包囲恐怖です。この恐怖が人種差別意識を強化していくという構造ですね。

さらに、土地に対する独占的権利の神学的正当化ということもあります。しかし、とりわけこの部分に関しては、先ほども触れましたように、六〇年代の世界的な現実のなかでは、アメリカも南アとそれほど大きな違いがあるようには見えなかったのです。バスの同じ座席に座れない、あるいは同じプールが使えないという、南アであればプチ・アパルトヘイトと呼ばれた差別的制度に対する闘いから公民権運動は始まったのですから。

他方で、パレスチナ人の歴史家には、アメリカの植民地化のプロセス、原住民の殲滅、服属化、そして指定地への隔離という過程と、イスラエルのパレスチナ植民地化の過程を比較して語る人が多い。イスラエルと南アだけでなく、ここでアメリカ合州国がもうひとつの類比の極としていやおうなく出てきます。この三極関係については、今回はひとつの問題提起として出しておきたいと思います。

三番目に、植民地の解放後の問題です。南アの場合、アパルトヘイトの廃止がただちに真の解放を意味するわけではないとしても、これによってひとつの大きな転機がおとずれたことは間違いありません。とはいえ、イスラエルと南アという二つのケースは、五〇年代、六〇年代の脱植民地化の一般的なコースとは異なり、植民者が旧宗主国に帰ることによって新たな主権国家が形成されるという形での解決が不可能だという点で共通しています。したがって、今対立している住民同士が、将来、何らかのかたちで葛藤を乗り越えて、共生していかざるをえない。そういうおそろしく困難な課題を背負っていることが、イスラエルと南アに共通する点だろうと思います。逆に言えば、そのことがどこかでわかっているからこそ、植民地権力が過激化するということも、ある意味で言えると思うのですね。

イスラエルの場合はむしろイスラエルの側に、全パレスチナの住民の、アラブ諸国への追放という衝動がつねにある。パレスチナの解放勢力にとって、イスラエルのユダヤ人をすべて他国に追い出すという解決は、今ではまったく非現実的であると思います。かつてそういう考え方があった時期はたしかにある。パレスチナ解放勢力というよりは、アラブ諸国でむしろ、そういう言説が流通していた時期がある。しかし、今ではまったく非現実的であって、基本的に現在のままの人口構成で、将来どのような共生が可能かという形でしか問いは立たない。別の言い方をすれば、シオニズム運動の一定の歴史的な結果を前提にせざるをえない。そのとき、解放闘争によってシオニズムを否定するということは、南アで実現した人種差別的制度の撤廃と同じような意味を持つようになってくるでしょう。これが三つめの点です。

続いて相違点を見ていきましょう。まず、土地の広さ、人口密度、そして鉱物資源の有無です。峯さんは何回も南アに行かれていますが、たしか、最初の全人種選挙のときの国際監視団にも参加されたと思います。私は二度ほどパレスチナに行っていますす。風景にどのような制度が刻印されているか、刻み込まれているかということは、やはり現地に一度行って見ないとわからないところがあります。何と言っても、パレスチナは狭い土地です。非常に狭い空間のなかで占領が、線引きが行なわれている。入植地があり、壁が作られている。例えて言えば、春日と水道橋の間、あるいは飯田橋の間ほどの距離に、たくさんの分断線が刻まれているのです。

それに対して、南アフリカの場合は非常に広大な地域です。人口密度も違う。南アの鉱物資源に対して、もちろん中東には石油があります。しかし、イスラエルやパレスチナに石油が出るわけではありません。こうした鉱物資源が南アの悲劇のひとつの原因であるとすれば、七〇年代以降、アメリカが急速に、無条件にイスラエルを支持するようになる過程には、やはり石油危機以降のアラブ諸国との関係が影を落としていますが、南アとはやはりすこし違う事情がある。

それから二番目の相違点として、アフリカーナーには、ディアスポラの共同体というものはありえません。ヨーロッパで宗教的迫害を受け、南アフリカにやってきたあとの苦難の過程が、アフリカーナーの民族的形成の歴史のすべてです。それに対してイスラエルの場合、もちろん「ディアスポラ」のユダヤ人がすべてイスラエルの支持者ではありませんが、イスラエルの外に生活基盤を有するユダヤ人たちの共同体との間に、何らかの経済的なネットワークが存在している。その意味でイスラエルは、「国際ゲットー国家」という言葉があるように、基本的には外とつねに繋がっている国家です。世界でここだけというふうにはなっていない。

それと関連してもう一つ言えるのは、いわゆる帰還権の問題は南アフリカには存在しませんでした。世界中のユダヤ人が原則としてイスラエルに住む権利、これを「帰還権」と称しているわけですが、つい最近土地を奪われたパレスチナ人には帰還権がないということが、このイスラエル／パレスチナ問題の最大の不正義のひとつですが、これは南アフリカの歴史的状況には存在しなかった問題です。

それから第三に、アパルトヘイトの解体はもちろん、粘り強い現地の人々の闘い、苦悩に満ち矛盾に引き裂かれた長期にわたる解放闘争の結実ですが、それと同時に、国連が、アパルトヘイトは「人類に対する犯罪」であると決議して、アパルトヘイト解体に向けた国際的な運動のイニシアティブを取り、世界を動かしていったということがあると思います。その意味で、国連政治が実を結んだ数少ない例のひとつと言って過言ではない。実際にはそこにたくさんの問題があるにしても。

それに対して、イスラエル建国から現在にいたる過程で、国連政治は失敗の連続です。国際連合初期のパレスチナ分割決議からイスラエルという国は生まれたのですが、その後イスラエルは、もっとも盛大に国連決議を破りまくる国になりました。破りまくっているのにいまだ除名されていない。しかし、国連とイスラエルは、いずれ何らかの決着をつけなければならない特殊な関係にあると言えるでしょう。あるいはむしろ、アメリカとイスラエル、そのふたつの国と国連の関係をどうするのか。このことを抜きに、真の国連改革はありえない。イスラエル問題はそのような歴史的重みを持ってしまっている。その意味で、南アとイスラエルとでは、国連との関係が対照的だと言っていいかと思います。

二〇〇八年末に始まったガザ爆撃について、国際刑事裁判所がイスラエルをどう裁けるか。いま世界中で、それを目指す取り組みがいっせいに始まっています。「人類に対する犯罪」という、ナチスとアパルトヘイトがその名のもとに断罪された同じ罪状でイスラエルが裁けるかということですね。このことは、異なる時代の異なるケースに、歴史の教訓がどのように生かせるかという問題と深く関わってくると思います。

和解のかたちを想像する努力

それから真実和解委員会についても述べておきます。シャープビルの虐殺から九三年までだったかと思いますが、アパルトヘイトの時代のなかでも時期を区切って、人種間の抗争にくわえて解放闘争内部の暴力事件も含めて、加害者の側の真実の告白と赦しの交換を行う。この試みは実に複雑な構造を抱え、いまだ多くの問題を残していると思いますが、ポストアパルトヘイト期の南アフリカ共和国を成立させるためには人種間の国民的和解が必要という判断から考えられたものです。

一国的解決のためには国民的和解が実現しなければならない。デズモンド・ツツ大主教とネルソン・マンデラ大統領がこの根本的な着想の発案者であるとされています。現在東アジアでも、植民地支配の歴史について、真実和解委員会的なものを、この場合は国際的レベルで立ちあげようという構想がありますが、その場合、南アフリカといくつかのラテン・アメリカの国における試みが先例とされています。

ただし、この二つの例は、いずれもその中心にキリスト教徒で解放運動に関わった人たちの存在があります。一方、パレスチナ人の約二〇パーセントはクリスチャンですが、いずれにしてもキリスト教徒が中心的な位置を占めていない中東に、真実和解委員会的なものを、そのままのかたちで持ち込めるだろうかという疑問が出てきます。それは難しいだろうと思います。現在トルコで、一九一五年のアルメニア虐殺の問題が焦点となっていますが、トルコがEUに入るためにはこの問題をクリアしなくてはならない。しかし、そのために「ヨーロッパ側から提案される構想は、多かれ少なかれ、この真実和解委員会的なものです。「赦しを乞う」、「赦しを与える」、こうした行為自体が、トルコ人にとっては非常にキリスト教的に響くようです。それだけでかなりの反発が出てきてしまっている。

これはひとつの例ですが、峯さんが最後にひじょうに意味深長にお話されたように、抗事実的に、コントラファクチュアルなかたちで想像する努力は不可欠だと思います。仮にイスラエルが謝罪したとして、そのあと、ふたつの共同体の関係を、どのように別の歴史のステージに載せていくのか。現在まで続く悲劇的経緯に対し、どのような対案がありうるのか。それは、おそらく、今から想像しておかなければならない問題です。このような将来のヴィジョンが、逆に今どのような言説を紡ぐべきかを規定することにもなります。

政治的類比のもつ力と危険性

さて、以上の比較を踏まえて、政治的類比という問題を扱いたいと思います。これまで見てきたのは、この二つの植民地主義のケースを客観的に比較した場合、どういうポイントが出てくるのかということでした。これは、言わば、歴史的類比の試みです。しかしこの二つのケース、イスラエル／パレスチナと南アフリカの間では、それとは次元を異にする政治的な類比が大々的に行われていて、しかもそれも単なる偶然ではなく、ある意味で必然的な成り行きなのです。

「人類に対する犯罪」というカテゴリーが、植民地主義のあるケースには適用されたにもかかわらず、なぜ現在進行中の、他の植民地主義のケースに対しては適用されないのか。端的に、あのすさまじいガザ爆撃に対してなぜ適用されないのか。これは全人類的疑問と言っても過言ではない。そのようなものとして、われわれのこの現在を構成している。したがって、そこから政治的類比が出てこないことは、もはやありえない。

しかし、政治的類比はつねにミス・リーディングになりうる。ガザの虐殺が、ホロコーストあるいはショアーと呼ばれる出来事と、同じ蛮行だという言説に対しても言えます。この紛争に関しては、ナチズムとの最初の政治的類比は、むしろシオニズムの側から出てきました。ユダヤ人を殺す者は皆同じ、したがって、アラファートはヒトラーだというキャンペーン。七〇年代ぐらいまで、イスラエルの側は盛大にそういう宣伝をしていました。今でも、そう信じている人は少なくないと思います。

しかし現在われわれはそれとは逆の類比も、次第に頻繁に目にするようになっています。イスラエル・イコール・ナチ。この等式はこの間非常に広まっています。七〇年代、八〇年代にこの問題に触れ、反ユダヤ主義と反シオニズムの区別を、徹底的に内面化したわれわれの世代からすると、やや呆然とするような展開です。現在、YouTubeなどでは、いろいろな地域で行われた、ガザ爆撃に反対するデモの映像が見られます。こうした映像にはとても励まされるのですが、しかし同時に、そのなかで、たとえばアルゼンチン、ブエノスアイレスの連帯デモだったと思いますが、「イスラエル・イコール・ナチ」と書かれたTシャツを目にしたときは驚きました。今回のガザの虐殺は、連帯運動の歴史においても、間違いなく大きなターニング・ポイントになります。このようなスローガンの出現に対し、それはミス・リーディングだと外部から言うだけでは済まない段階に入ってきていると思います。

私が二〇〇二年の三月にパレスチナに行ったとき、ガザで、ダビデの星と鉤十字をイコールで結んだ落書きが、破壊された家屋の瓦礫のなかにありました。ガザの人がそう考えるのは、もはや仕方がない。しかし、同じ等式が今、全世界で、パレスチナに共感する人々のあいだに確実に広まってきています。
誤った政治的類比は、一時的に説得力を、ある地域、歴史のあるモメントで持ったとしても、長期的には連帯運動の発展にとって、非常に有害であると思います。今そこの類比が何をもたらしているのかを見極め、国際的な連帯運動のなかで、この不可避的な傾向をどうコントロールするべきかに、われわれは知恵を絞らなくてはならないのではないでしょうか
そして、最後に、「アパルトヘイト・ウォール」です。今、パレスチナの分離壁は「アパルトヘイト・ウォール」と呼ばれています。これは歴史的類比と政治的類比の、ちょうどあいだに出てきた言葉だと思います。というのも、アパルトヘイト期の南アフリカの現実を知っている人が何人も今のパレスチナを訪れていますが、この人々は異口同音に、これこそがアパルトヘイトだと告発しているからです。ネルソン・マンデラもそう述べたと言われています。ANCとPLOは以前から非常に友好的な関係にあり、アラファートも南アフリカを訪問しています。
二〇〇一年の八月から九月に、国連主催の反人種差別国際会議が南アのダーバンで開かれました。その数ヶ月前から第二次インティファーダが始まっていて、イスラエルにとってこの会議は非常に厳しい場になりました。奴隷制まで遡り、植民地支配の歴史全体を補償の対象にしようという、新しいアイデアが強力に押しだされたという意味で、これは大変画期的な会議でした。それと同時に、これも不可避的に、激しい

イスラエル批判の場にもなったわけです。

この会議は、その閉会の数日後に、二〇〇一年九月一一日の出来事が起きてしまったので、これまで広く記憶されずに推移してきました。しかしこのとき、現在の南アでパレスチナ問題がどう捉えられているのかということも、実は大きく顕在化したのです。全世界のパレスチナ支援のNGOと南アの人々が共鳴しつつ、ひとつの大きな要求を国連に突きつけました。

七〇年代、「シオニズムは人種差別主義の一形態である」という決議が、ひとたび国連総会で可決していたのです。私の世代の人間がパレスチナ問題に出会った頃、この決議は大きな参照枠組を形成していました。ところが、冷戦が終わり、湾岸戦争の後に、父ブッシュが提起して、国連の決議からこれを外してしまった。

このダーバン会議における親パレスチナ勢力の目標のひとつは、「シオニズムは人種差別主義の一形態である」という、七〇年代の国連総会の、要するに国連の共通認識に、いわば引き戻すことでした。それがこの会議で大きな壁にぶつかり、〈九・一一〉以降、また語れない状況になる。そこで、国連の場でものが動かなくなったため、現在は先ほどの国際刑事裁判所であるとか、さらにはミス・リーディングな政治的類比の拡大といったかたちで、国際社会がイスラエルを裁くことが可能になるための試みが、ポジティブな面、あるいはネガティブな面をふくめて、多様に出てきているのではないか。ダーバン会議は、南アフリカにとって何であったのか。イスラエル

／パレスチナにとって何であったのか。あるいは、日本にとって、世界にとって何であったのか、そういうことを、峯さんが報告された南アフリカの現状と、いわば合わせ鏡のようにして考えてゆく必要があると思います。

連帯運動に問われているもの

最後に現在の連帯運動における課題として、検討すべき点について二、三点コメントして終わりたいと思います。

まずイスラエルに対するボイコットの運動についてです。ボイコットは南アフリカでアパルトヘイトが終焉に向かうプロセスで、国際的に呼びかけられた運動です。南アの場合、スターバックスのように、目の前にあるものがすぐにそれとわかることはなかったのですが。しかし何と言っても国連決議がありますから、オレンジのような農産物の不買運動や企業の撤退など、世界的には相当大きな規模になったはずだと思います。

現在のイスラエルに対するボイコットの運動にも、南アのときと同様に、実際的な経済的打撃を与えるという効果と、このボイコット運動を通じて運動の大衆化をはかっていくという、二つの側面があると思います。

南アの場合、ボイコット運動は、主として経済的な効果を狙って組織されたと言っていいと思います。それはある意味で実を結び、資本家の意向が変わっていくということが大きかったでしょう。それに対して、イスラエルをボイコットで経済的に追い詰めるということは、戦略的な目的にはなりにくいのではないでしょうか。それはさきにも触れたように、ディアスポラとの関係上、イスラエルが一国で孤立した経済システムを形成しているわけではないということとも関係します。

また、一九九三年のオスロ合意を今から振り返ると、湾岸戦争後、イラクを支持したＰＬＯが非常に弱い立場にあったという背景に加えて、冷戦が終焉した段階での、ある種の世界的な和解の政治の目玉として、クリントン政権が仕掛けた側面があったわけですね。しかしさらにその背景には、イスラエル資本と中東のアラブ資本との間で、ある種の合意があったのではないかと思います。

当時、東アジア経済圏が急速に大きくなっていた。欧米以外の地域に大きな経済圏ができてきて、イスラエルは地域では比較的富裕だったとしても、経済圏を持たない国には将来の展望がない。そこで、パレスチナおよびアラブ諸国との和平を通して中東経済圏を構想していく。当時、何人ものパレスチナ人、アラブ人と交わした対話のなかで、オスロ合意の背景には、そのような経済的合理性を根拠にした判断があったはずだという話が繰り返し出てきました。

しかしオスロ路線が崩壊していくプロセスを見て、中東経済圏構想などイスラエルは最初から本気にしていなかったという説も出てくる。この歴史過程にはいくつもの側面があると思います。やはりこの地域は、経済の合理性だけを根拠にすると状況を見誤る。何重もの注意をして使わなければならない問題ですが、宗教的なファクター、というものもやはり無視はできません。当然のことながら、歴史的ファクター、地政学的ファクターもある。ボイコット運動の中心を、経済的な包囲網の形成ということで考えても、南アのケースと同様の効果が出てくるかというと、やはり懐疑的にならざるを得ない側面というのがあるのではないかと思います。

ボイコットのもう一つの側面に、イスラエルのネットワークの国際性を可視化するプロセスをつうじて、運動の大衆化をはかるということがあろうかと思います。スターバックスがわれわれの目の前にあるのですから、スターバックスに入ろうよと友だちに言われたとき、こういう理由で私は入らないとはっきり言う人がひとりでも増えるということは、やはり大きな意義があろうかと思います。

次にパレスチナの解放主体をどのようにとらえ、連帯していくのかという問題です。今のパレスチナの状況は、解放主体そのものが危機的な状況にある。現場近くからの報告に触れると、現地のパレスチナ人自身が、もうどうしていいのかわからなくなっているようです。今や事態を傍観しているような傾向すらあるとも言われています。

ましてその外から支援、連帯を追求するわれわれが、現地の誰と、どの勢力と繋がっていけばいいのかわからなくなるのは、なかば当然の時期だと思います。ある意味でパレスチナの場合はこのような困難に直面する時期が比較的遅かった。すでにカンボジアや北朝鮮ということになると、かなり早い時期に、単純には支援「できなく」なっていました。第三世界で人民を代表すると自称する政治組織を支援するという論理が、次第に維持できなくなっていった歴史のなかで、パレスチナはまだいいよねと言われていた時期が、少なくともオスロ合意の頃まではあったと思うのです。

解放闘争のなかにはスパイが入りますし、内部から腐敗させようとする外部の力も加わり、通敵者が現れ、裏切り者が現れ、それぞれの運動のなかでその処遇をめぐって多くの暴力が振るわれる。これは残念ながら、南アフリカの場合も含めた解放闘争の歴史の、払拭しなければいけない部分でもあり、日本の運動にも、周知のように、多くの経験があります。そのなかで、原則的な支援はどうあるべきなのか。私も日々このことを考えざるを得ません。

ただ、ひとつのポイントとして、アラファート時代のPLOは、ソ連やアラブ諸国も含めたさまざまな外部勢力に対して、その財政的、政治的支援を受けつつも、いかに自律性を保つかということに、大変な苦労をしていたことを想起したいと思います。一定の言説のレベルでは、パレスチナの世俗主義的、マルクス主義的な組織にシンパシーを覚えつつも、そうした組織はシリアの支援を受けなければファタハに対抗できないことも事実でした。そのような力学のなかで、われわれはある意味で、現実政治の苦さを経験してもきました。

現在でもなお、パレスチナの政治的主体が、アラファートのPLOの時代とはまた別の形であれ、どうしたら自律性を獲得し、確保できるのかということが、ひとつの基準でなければならないと私は考え続けています。そうでなければ、いつの間にか、より大きな枠のなかにパレスチナを位置づけ、その力学のなかに自分自身を位置づけて世界を見るようになってしまうでしょう。それでは、ここ数十年の連帯運動のなかで蓄積された経験、形成された思想は、生かされないことになりかねません。

ハマースを見るときにも、宗教的な組織であるとか、あるいはロケット砲を発射しているということだけではなく、どれだけ自律的な判断をしている組織なのかということが基準になるべきだと思います。それを知ろうとする努力なしには、連帯運動の側の自律性も担保できなくなるのではないでしょうか。

階級的な観点も、パレスチナ連帯運動にかかわって、いつも問題になってきたことです。とりわけガザ地区では、ひとつの階級構造を背景に第一次インティファーダが開始され、その後パレスチナ解放運動が被占領地を中心に展開し始める。このことと考え合わせると、いよいよ大きな問題であるはずです。

しかし、階級という概念をパレスチナ連帯運動に持ち込もうとしたのは、むしろ世俗的なマルクス主義グループでした。そして、その試みは、繰り返し挫折してきました。それは、この社会では、「階級」をそれだけ取り出して語ることが大変にむつかしいということでもあるでしょう。「階級」は、場合によっては、宗教運動のかたちで表現されることもありえます。その必然性も同時に見ないと、パレスチナの状況を、現地のリアリティに即して分析することは難しいのではないでしょうか。これは今後の連帯運動の方向性を探るうえで、ますます避けて通れない問題になりつつあるように思います。

存在を賭けた〈嘘〉との闘い

『情況』第四期　2012年9・10月号

板垣雄三先生が先ほど触れられた「嘘」という問題についてまず考えたいと思います。「パレスチナは民なき土地である」、ゆえに「土地なき民」、すなわちユダヤ人に、この「民なき土地を」というスローガンが、初期シオニズム運動のなかで叫ばれました。しかし、これは全く嘘でした。パレスチナ人は、この嘘を信じてしまった世界の人々の目の前に存在し始めるため、まずこの嘘と戦わなければなりませんでした。パレスチナ人が私たちの前に存在している、そのことがすでに闘いの成果であるということ、そのことを、今日ライラ・ハーリドさんがお見えになっているこの席で、もう一度思い出したいと思います。

震災原発事故から三ヵ月目の日、昨年（二〇一一年）の六月一一日、東京でも大きなデモがありました。首都圏の各地で昼にデモがあり、夜には新宿のアルタ前広場に人々の結集がありました。私もその様子を知りたいと思ってでかけ、その人ごみのなかでばったり重信メイさんにお会いしました。そのちょうど一年ほど前、二〇一〇年の七月の末、同じアルタ前で「アルタ前大学」という集まりがありました。そこに私は呼んでいただいて沖縄の話をしたことがあります。そのときの規模は三〇人くらいですね。それから一年もしない昨年の六月一一日には、同じアルタ前の広場が人で埋まっていました。それはもちろん昨年三月一一日の地震と津波の災禍、そしてとりわけ原発事故に触発された反原発運動の高まりということがあるわけです。しかし同時に、アルタ前広場の集まりを組織した人々の心の中には、タハリール広場のイメージがはっきり存在していました。「アルタ前広場をタハリール広場に」という強い連帯の志向があったと思います。

さらにこの連帯の系譜を遡行すれば、二〇一〇年一二月に端を発したアラブ諸国の民衆運動、その中心を担った青年たちの心の中に、一九八七年一二月に開始されたパレスチナの民衆蜂起、インティファーダのイメージが働いていたことは間違いありません。この四半世紀の世界の民衆運動の転機がどこにあったか。私はパレスチナ被占領地のインティファーダだと思います。そのとき、インティファーダとは何かを徹底的に考えるという課題を板垣先生は立てられて、『石の叫びに耳を澄ます』(平凡社)というタイトルのご本にまとめられました。私がこの本から教えていただいたことは文字通り限りがありません。

私も東京からきましたので、震災以降、原発事故以降の東京のことについて一言触れさせていただきます。私はちょうど地震の起こる一月くらい前に引越しをしました。一八歳で京都に出てきて以来、部屋数で言うと三十以上の部屋に住んでいます。かなりの引っ越し魔です。いまは府中というところに住んでいます。東京在住の人でも多摩地区で隣接している調布と府中の区別がつかない人がいるのですが、かく言う私も府中のことを、これまであまり知りませんでした。武蔵国の国府所在地だった府中の現存の歴史建造物の中心は何かというと、大国魂《おおくにたま》神社という古い神社なのです。今年遷座一九〇〇年と称しています。京都は一九九四年に建都一二〇〇年でしたから、それより七〇〇年古い建造物が東日本にあるということを西日本の人が認めるかどうか。疑問を持たれるかも知れませんが、ともかくそう言われています。

私が府中に移り住んで大変驚いたことは、この神社のすぐそばに源義家の像があることです。これは戦後の建立です。この神社の前に欅の並木があるのですが、これは先ほど板垣先生がお話になった古代の東北の蝦夷侵略戦争にかかわっています。義家が戦争に出かける前、この神社で必勝の祈願をした。そして勝利して帰ってきたので、そのお礼に欅を植えたと。これが府中の、大国魂神社前の欅並木の由来だと言われています。

伊勢丹府中支店前のとても目立つところに建っているこの義家像の脇を、私は昨年五月、たまたま通りかかりました。その像の前でひとりの女性が、子供たちを放射能から守ろうというチラシを撒いていました。私の目には、古代の蝦夷侵略戦争から今回の福島の原発事故まで、ある意味でひとつながりの歴史が見えていました。古代の侵略戦争、「征服」と呼ばれる侵略戦争があり、その先にアイヌモシリの侵略がありました。現在原発が建てられているところは、青森でも福島でも、戦後「満州」や他の植民地から引き上げてきた人たちが入植していたところが多いのです。東北地方の中でも貧困にあえいでいた、そういうところが後に原発の、あるいは使用済み核燃料の再処理工場の用地に買収されていきます。日本という国家は、実は北の境界線が見えません。北海道は、歴史的に言って、明らかに植民地です。しかし、東北はどう位置づけられるか、これは大変難しい問題です。そこが見えなくなっているということが、近代の日本で「東北」と呼ばれてきた地域の、非常に困難な歴史の背後に控えています。

しかし東京の府中市で、日曜日の人出の中で、この義家像から今の原発事故、そして首都圏の放射能汚染までひとつながりの歴史だと私が叫んだとしたら、相当異様な人間であると思われることでしょう。それほどの歴史意識の断絶の上に、この列島のあらゆる出来事が起きているということです。植民地主義はこの国の成り立ちそのものにとても根深く食い込んでしまっていて、そのことがパレスチナ問題を、そしてユダヤ人問題を、日本人が理解する上で大きな妨げになっていること。このことを、私は板垣先生のおかげで考えることができるようになりました。

今回の震災について、もうひとつこの場で触れておかなければならないことがあります。津波の後、米軍が救援活動に大規模な形で参加したことです。この作戦は、皆さんもご存知のように、「トモダチ作戦」と呼ばれました。ケヴィン・メアというアメリカ人は、沖縄ではナイトメア、悪夢と呼ばれている人ですが、地震の直前の時期、沖縄の領事を務めていました。このメア氏が沖縄人は嘘つきだ、信用できないという内容の人種差別的発言を行った、そのことがあるアメリカ人の学生のリークによって、アメリカで報じられたのです。この事件の直後で、アメリカとしては沖縄との関係が非常に難しくなっていたところに、地震が起き、津波がありました。そこでアメリカは、この巨大災害を、日本でのイメージ回復の好機ととらえたのです。それが、「トモダチ作戦」というコードネームが表していることです。

こういう状況のなか、実はイスラエル国防軍も被災地に入りました。当時は大変な状況ですから、関西でこのことが報じられたか、みなさんの記憶に残っているかどうかわかりません。私も被災地の具体的な状況が不明ななかで、聞いていたのは、あの地域のある町の町長さんが、学生時代何らかのプログラムでイスラエルに行ったことがあり、その関係でこういうことになったということでした。つまりある町だけに限定されたことだと思っていたのですが、後に南三陸町出身の大学院生から、津波で巨大な被災を被った南三陸町でも、イスラエル軍は立派な診療所を作り、相当大規模な医療活動を行ったことを教えられました。

写真を見せてもらったのですが、私にとっては本当に気が動転するようなイメージでした。この診療所の前にはイスラエルの国旗が翻っていました。私はパレスチナに二度ほど行ったことがあります。この南三陸町の写真は、被占領地、入植地に翻えるイスラエルの旗を見たときの記憶を、瞬時にして蘇らせてしまいました。こうした政治的意図を持った国際的な救援を受け、いやおうなく感謝の気持ちを抱くようになった被災地の人々は、「救われる」ことでさらに騙される、「救われる」ことで沖縄人、パレスチナ人と分断されるという状況に置かれたことになります。今回の被災地救援の構造は、国際的な文脈で、一九九五年の阪神淡路大震災とは非常に異なる点が多々あるように思います。原発事故のあと、フランスからは原子力複合会社であるアレヴァがやってきました。いきなりサルコジ大統領が来たことは皆さんもご記憶だと思います。今回の震災に関しては国際的な支援が、相当に政治的な、各支援国の思惑を反映した形で行われたのではないでしょうか。これまで第三世界の現実として考えてきたこと、例えば二〇一〇年のハイチ地震のあとの国際支援体制とも共通点がないとは言えないような何事かが、被災地で救援という名の下に行われていた、あるいはいまも行われているのではないかということです。

自衛隊が海外に出て行く、ＰＫＯや国際災害援助というかたちで東ティモールやハイチに出て行く、それと同じ意味を持つ行動が、今回は日本の被災地を舞台に、国際的なあるネットワークの中で発動されていた。そのなかに、イスラエルが入っていた。このことは非常に重要なことだと思います。二〇年前、三〇年前と比べて、この国とイスラエルの関係はおおきく変化している。イスラエルはどんどん日本の中に入り込んできている。私はライラさんや足立さんに比べて、これまでの人生でほとんど何もしてこなかったに等しい人間です。それでも、しばらく前からアメリカ合州国に入国できません。理由は不明です。ただいろいろな局面で得られた指標からして、私が中東に関心を寄せ、本当にささやかながら連帯運動に関わってきたということとどうやら無関係ではないようです。ヨーロッパではアラブ系であったり、ムスリムであったりすれば、私と同様の職業の人でもアメリカにいけない例はたくさんあります。先ほどアパルトヘイト国家としてのイスラエルというお話がありましたが、南アフリカで長年獄中にとらわれていてアパルトヘイト廃止後に初代のアフリカ人の大統領になったネルソン・マンデラ氏。彼すらも、大統領のときは外交特権でアメリカに行き、当時のクリントン大統領から大歓迎を受けたのですが、大統領でなくなると、解放闘争時代に武装闘争に関わっていたということで、アメリカのブラックリストに名前が載っているため入国不可になりました。これはあまりにおかしいということで大騒ぎになり、彼の名前はリストから除かれたのですが、一端名前がリスト入りしてしまうと、それを除去することは、マンデラ氏ほどの人でも大変だったのです。私はこのことについて人に聞かれたときには、「私がいけないのではなくアメリカがいけないのです」と言うことにしています。私は教師をしておりますので職場では「先生」と呼ばれています。毎年新入生が入ってくる。今はもう六月の初めですが、「あの先生はアメリカに行けないらしい」という噂が段々広がっていきます。それで何人か、おずおずと「先生、アメリカに行けないって本当ですか？」と聞いてくる学生がいます。とてもいい質問です。現在の世界を考える上で大変良い入り口になります。この意味で、私は職場では「教師」である以前に「教材」なのです。

最近少々ショックだったのは、この三月の末に一〇日ほどキューバに行ったのですが、日本からキューバに行くにはアメリカ経由かカナダ経由になります。もちろん私にはカナダ経由しか選択肢がありません。ところがトロントでひっかかってしまいました。カナダの係官は私にほんとうの関心はなかったようで、どうしてこんなことになったのかと聞かれました。こっちが聞きたいのですけれど、仕方がないのでアメリカの大学でシンポジウムに呼ばれ、最初は行けたのだが二回目から駄目になったと答えました。係官は頷いて、そういう人が時々いると言いました。カナダはアメリカと要注意人物のリストをシェアしているのでこういうことが起きてしまうのだと。

繰り返しますが、今日のこれまでの話の中でとても大事なのは「嘘」というテーマです。ハンナ・アーレントという政治哲学者の観察をまず参照したいと思います。ファシズムに対する勝利が言祝がれていた一九四五年以後の世界で、ハンナ・アーレントのよう戦前の時代を知っている人にとって大変衝撃的だったのは、全体主義ではないはずの西側世界の政治的な言説が、全体主義的な政治的嘘の手法をたちまち採用したことでした。「真理と政治」という一九六七年の論文（『過去と未来の間』所収）で、アーレントは二つの事例をあげています。戦後の西ドイツ首相のアデナウアーは、大半のドイツ人はナチに賛成していなかったと言った。同時代を知っている人なら誰でも嘘と分かるこんなことがなぜ平然と言えるのか。そしてそれに応えるかのように、フランス大統領のドゴールは、フランスは総体としてファシズムと闘った民主主義勢力であり戦勝国だと主張した。しかしフランスは一九四〇年六月にドイツに敗北して以降、戦争期の大半、ドイツの事実上の従属国であり続けていました。抵抗運動に参加したフランス人は結局のところ少数派でした。ドゴール自身は休戦協定を拒否して亡命し、一度もドイツと手を組まなかったかもしれないけれども、フランス総体を彼自身と同一視することはできません。これも歴史的事実としては真っ赤な嘘ということになります。しかし、これらの嘘は、アデナウアーとドゴールが、自国の内外で大きな尊敬を集める妨げにはなりませんでした。

全体主義はある意味で勝利した、全体主義の登場以降、言葉と政治の関係は根本的に変わってしまったのだからとアーレントは考えます。この同じ時代、冷戦に向う過程で東アジアの西側同盟の形成過程ではどんな嘘が必要とされたのでしょうか。それはなによりも、昭和天皇に戦争責任はないという嘘でした。この嘘の上に、戦後の日本の経済復興も、サンフランシスコ講和条約も、日米安保も可能になったのです。そしてまさにこれと同断の嘘の生産と流布によって、いわゆる原発の安全神話というものも形成されていったのでした。そしてほかならぬ同じ時期、同じ戦後のコンテクストのなかで、イスラエル国家が樹立され、パレスチナ人は難民化したのでした。

板垣先生が最後に触れられたように、現在シリアについてもさまざまなことが言われています。日本政府もシリア大使に退去を求めると言っています。その前日にはフランスの大統領になったばかりのオランドも、フランスからシリア大使に退去を求めています。これはアメリカの要請に基づいてこういう流れになっているのです。私は学生時代に何年かフランスにいたことがあり、中東についてもアラビア語ができないのでフランス語の書物に頼りがちです。一九八五年に出たジャック・トビ『アリと四十人の盗賊』という本は、一九一四年から今日までの、複数の西洋帝国主義と中東の関係史です。中東全体を大きな歴史的スパンで扱った本はありそうでなかなか見つかりません。そこで私は、何か中東で新しい展開があるたびにこの本を読み直すことにしています。率直に言って、フランスがシリア大使に対してよくも国外退去などということが言えるなというのが正直な感想です。フランスは一体シリアで何をしたのか。こういうことも、現在のメディアでは全く語られません。隠蔽と嘘で、この世界はすべてできている。それは実に恐るべき規模に達してしまっていて、この嘘が当たり前になっている環境のなかでは、もはや日本のような国でさえ、これから生きていくことは覚束ない。今回の原発事故はそのことをあらわにしたのではないでしょうか。それが先ほど板垣先生が言われた今の時代の到達点であり、そこにわずかに虹が見えかかっているということだろうと思います。

私の話はすでに十分長くなっていますので、なるべく早く切り上げたいと思います。私にもアラブ人の友人がたくさんいます。エジプト人、チュニジア人、シリア人の友人がいます。昨年私たちは地震、原発事故以降の混乱の中で、そして彼ら、彼女らは中東・アラブ世界全体の、さらにはそれぞれの国の民衆運動にかかわって、たがいに別の時間を、しかし同時に生きていたと言えるでしょう。例えばパリに住むアラブ人がいかに本国の民衆運動と連帯していくか、文字通り暗中模索の中で、ときどきメールで連絡を交わす。しかし、何週間、何カ月も、連絡が途絶えてしまうこともあります。

シリアのアサド体制が非常に苛酷であることは間違いなく、フランス留学時代、パレスチナ連帯運動を一緒に担っていたシリア人亡命者の友人たちは、シリアの民主化に大きな希望を抱いて、パリのシャトレ広場で毎日夕方、歌を歌い支援を訴える活動をしていました。そして、私たち全世界の友人たちにさまざまなメッセージを送ってくれていたのですが、今年の一月くらいからばったり連絡が途絶えてしまいました。リビア以降の状況、そしてイランまで視野に入れた帝国主義の動きが明らかになってくるなかで、どんなに苦しい思いをしているだろうと想像することしかできません。板垣先生が最後に言われたように、こういう情報環境でできる限り嘘の少ない、正しい情報を求めることは、現在日本で放射能に汚染されていない食べ物を求めるのと、ある意味で同じくらい難しいことになってしまっています。

湾岸戦争のころ、携帯もなく、インターネットもあまり普及していないあの時代に、

「湾岸戦争と世界の行方を考えるために」というパンフレットを、友人たちと一緒にタブロイド版で出していたことがあります。クウェートに侵攻したイラクはファシズムの再来であり、国連の決議に則って戦争を発動しなければならないという、あのキャンペーンには凄まじいものがありました。そこから今日まで、二〇〇一年九月一一日の事件を経て、本質的には同じ論理によって、現在シリアやイランに対する攻撃が準備されているのです。湾岸戦争期から、私たちの時代の真実を問うことが、世界の民衆運動にとって必要不可欠な作業として前景化してきたと言っていいでしょう。

湾岸戦争は、CNNを中心として、帝国主義の側が世界的な情報の生産・流通を完全に掌握し、一元的に衛星放送で配信するというイメージの戦争と不可分でした。世界中の視聴者が、上空からバグダードを爆撃するアメリカの空軍兵士の視点で戦争に立ち合わせられたこと、これはアラブ世界の民衆には、これ以上ないほどの屈辱的な経験だったと思います。先ほど板垣先生が触れられたように、ガザ地区の封鎖にはイスラエルとエジプトの共犯関係があり、そのことがエジプト人にとって大変な屈辱と感じられてきました。アラブ世界では、本当にこの数十年、さまざまな局面で、信じられないような屈辱が積み重ねられてきたと思います。湾岸戦争もそうです。このイメージの戦争の屈辱的経験から、アル・ジャジーラのようなテレビ局が出てきます。

インターネットを通じて、アラブ世界の中で、国を超えてアラビア語で議論が交わされるようになったことなど、情報環境の技術的変化が、現在の民衆運動のひとつの歴史的条件を構成していることは確かでしょう。しかし同時に、今回の民衆蜂起以降の流れの中で、過去二〇年ほどの間に形成されてきたアラブ世界のオルタナティブな国際メディアも、民主化要求が湾岸の君主制産油国に及ぶにいたって、カタールに本拠を置くアル・ジャジーラも、サウジアラビアを後ろ盾とするアル・アラビーヤも、さまざまな圧力を受け、変質してきているように思えることが多くなっています。だからもう一回、湾岸戦争が始まった時期に戻って、私たち自身がアラブ世界のさまざまな国の友人たちと直接に連絡を取り合いつつ、出来る限り嘘の少ない情報を得るように務める必要があるでしょう。他のことで嘘しかついてこなかった人間が言っていることは、基本的に信用してはならないということが原則です。私はシリアでいま起きていることの真相は分かりません。しかし、今シリアで起きていることを訳知り顔に語っている人々が、他の時期、他の場所の出来事について、これまで何を言ってきたか、どれだけの嘘をついてきたかは知っています。それだけの判断材料から、これから私たちが、どのような新たなオルタナティブな情報の回路を構築していくべきかということも見えてくるのではないかと思います。それが、一世紀以上のあいだ、みずからの存在を賭けて巨大な嘘と闘ってきた、真実と平和のために闘ってきたパレスチナの友人たちと連帯するための不可欠の課題であると思います。今日この場に来てくださったみなさんとともに、そういう作業を担っていければと願っています。

反ユダヤ主義とシオニズム
——アーレント『ユダヤ論集』を読む

『社会思想史研究』39号　藤原書店　2015年9月

『人間の条件』（一九五八年）をはじめとするハンナ・アーレントの政治哲学のいわば「原理」論的著作に「ユダヤ人問題」への言及は多くない。『全体主義の起源』第一巻「反ユダヤ主義」（一九五一年）、『イェルサレムのアイヒマン』（一九六一年）という、第二次世界戦争終結後に上梓された二つの主要著作を中心として、青年期の作品『ラーエル・ファルンハーゲン』（一九五八年）、著者の没後にロン・H・フェルドマンが『ハンナ・アーレント　パーリアとしてのユダヤ人——現代におけるユダヤ人のアイデンティティと政治』（一九七八年）という表題のもとに編んだユダヤ関連論集、さらにカール・ヤスパースとの往復書簡集を加えて、過去三〇年、専門研究者以外の世界の読者は、アーレントのユダヤ的出自との向き合い方、「ユダヤ人問題」をめぐる同時代の政治過程への介入についての理解に努めてきたと言っていい。とはいえ、これらの既刊文献だけからは把握することのできない広がりと深さ、複雑さをそなえたアーレントの「ユダヤ論」がなお多数存在することは、とりわけ一九八二年、エリザベス・ヤング＝ブルーエルによる浩瀚な評伝『ハンナ・アーレント伝』が刊行されて以来広く知られていた。

本書の原版となった Hannah Arendt : *The Jewish Writings* が、フェルドマンとジェローム・コーンの共編で、英語版で出版されたのは二〇〇七年のことである。二〇世紀現代史を扱ったアーレントの著作の受容の変化は、戦後世界政治のアクチュアルな状況と否応なく連動してきた。『全体主義の起源』は冷戦の終焉以後、より広く読まれ、そしておそらくはより正確に理解されるようになっただろう。それと同様に、一九世紀以降のヨーロッパの近代的な反ユダヤ主義、同化と解放をめぐるヨーロッパ・ユダヤ人の思想的分岐、ナチス・ドイツによるユダヤ人絶滅政策、シオニズム運動とイスラエル建国、ユダヤ＝アラブ紛争にいたる、地理的概念としてのヨーロッパの内外を貫いて展開された錯綜した政治過程についてアーレントが残したテクスト群は、然るべき仕方で読まれるためには、あたかも中東和平の挫折を待たなければならなかったかのようである。

シオニズムおよびイスラエル国家をめぐるアーレントの考察が、ヨーロッパの反ユダヤ主義についての彼女の認識と切り離せないことは言うまでもない。本書第一巻に収められた長大な論文草稿、一九三八―三九年頃、フランス亡命中にドイツ語で執筆された「反ユダヤ主義」には、のちに『全体主義の起源』で展開される議論のモチーフの多くがすでに見出される。しかしそれはまた、別の時代に、別の狙いをもって書かれた独立の試論でもある。反ユダヤ主義の歴史的規定性、同化主義とシオニズムの関係等、アーレントの分析の基本線が他のどこよりも明瞭に見てとれる点で、この草稿は、彼女の思想の発展を理解するうえできわめて大きな重要性を備えているように思われる。

この論文でアーレントの視野はすでにドイツだけに限局されていない。ポーランド、ロシア、ウクライナなど、共同体的な宗教文化が日常的に生きられていた東方ユダヤ人の状況にも、また亡命後に知見を深めたフランス・ユダヤ人の状況にも大きく開かれていて、この広い展望のなかでドイツは、「反ユダヤ主義の古典的な国」と位置づけられるのである。

最近の世界史において、ドイツほどユダヤ人に多くの災厄をもたらした国はない。ウクライナやポーランドでのポグロムでさえ、国民社会主義の反ユダヤ主義的世界観の理論的確立とその勝利ほどわれわれを打ちのめしはしなかった。最近の世界史において、ドイツほどユダヤ人にとって多くを意味してきた国はない。ほかのどこよりも、ユダヤ人解放に大きな貢献がなされたのはこの同じドイツのプロイセンにおいてだった。そこではレッシングからヴィルヘルム・フォン・フンボルトにいたるまで、ユダヤ人問題とユダヤ人解放は、全人類の自由とすべての人間のための正義をもとめるたたかいと同一視されていた。

（『反ユダヤ主義』、みすず書房、二〇一三年、山田正行・大島かおり・佐藤紀子・矢野久美子訳、本文八七—八八頁）

「古典的」というこの形容には、したがって、一方でドイツ啓蒙（Aufklärung）がフランス革命に先立ち、ユダヤ人／ユダヤ教徒の政治的解放を知的、感性的に準備しながら、他方でその同じ「ドイツの知的覇権のもと、近代的なユダヤ人殲滅闘争が告知された」という、ユダヤ人の歴史のなかでこの国が占める恐るべき両義性が含意されている。一九一五年、第一次世界戦争のさなか、新カント派の哲学者ヘルマン・コーエンは、講演「ドイツ性とユダヤ性」（*Deutschtum und Judentum*）のなかで、全世界のユダヤ人に、彼がユダヤ人の精神的祖国とみなすドイツへの支持を訴えた(1)。コーエンに代表される同化主義的なドイツ・ユダヤ知識人に対するアーレントの批判は、次のように定式化することができよう。人があるもの「として」差別されているとき別のもの「として」解放されることを望むことはできない。この論拠に立ってアーレントは、ユダヤ人「として」被ってきた差別を人間「として」の解放によって克服できると信じた同化主義の自己欺瞞を徹底的に剔抉する。それと相即的にシオニズムは、第一に、同化主義に対する「批判の功績」を評価されるのである。

しかし、シオニズムの限界もまた、この論文においては、間髪を入れずに指摘されている。人間主義的な同化主義も、民族主義的なシオニズムも、ドイツ人およびユダヤ人を同質的な実体とみなす点で、アーレントによれば、歴史性に対する同じ無理解を共有している。そして彼女は、この共通の認識論的欠陥の由来を、「解放」後のユダヤ人の心性に特徴的なある「恐怖心」、ある「不安」に見定めている。

同化主義者にとってどうにも説明のつかなかったことは、なぜ事態がこれほどひどいことになりえたのかであり、シオニストにとって疑問のままに残ったのは、なぜこれまでうまくいっていたのかだったのだが、この両方の説明力不足は同じものであって、ともにユダヤ人に共通の恐怖心から出ている。つまり、かつてもいまもユダヤ人がそのなかで暮らしている民族の各部分とユダヤ人とのあいだには、さまざまに異なる利害がつねに存在してきたのを、認めざるをえなくなるのが怖いのである。現実にいる特定の敵を認めたくないあまり、一般化と歪めた解釈によって、事実としてある近似性を百パーセントの同等性〔同一性〕へ、事実としてある差異を実体の異邦性へと、一般化し偽ってしまう。ユダヤ人のこの不安が、彼ら自身にかかわる諸問題の究明を、反ユダヤ主義のそのときどきの必要にゆだねているのだ。」

（『反ユダヤ主義』、本文七二頁。アーレントによる強調）

『反ユダヤ主義――その歴史と諸原因』（一八九四年）の著者ベルナール・ラザールは、同化主義とシオニズムのこのような同質性にアーレントの眼を開き、反ユダヤ主義の歴史的かつ社会的に差異化された分析の必要を示唆した先駆者だった(2)。本書の編者のひとりであるフェルドマンが述べているように、「アーレントが本論文集で試論をつうじて示している展望によれば、政治的パーリアであることが意味するもののひな型としてのラザールの重要性はいくら評価してもしすぎることはない」（『反ユダヤ主義』、「序論」五七頁）。『全体主義の起源』にラザールの名は、彼自身がその最初の告発者であるドレフュス事件との関連でのみ登場する。また、「パーリアとしてのユダヤ人――隠れた伝統」では、ヨーロッパ・ユダヤ人社会に働く同化の力学のなかで形成された、「パーリア」と「成り上がり者」の相互依存の機制を鋭く洞察とした人物として印象的に描き出されているが、ラザールのシオニズム運動への関与については明示的な言及がない。アーレントは一九四八年、アメリカ合州国で、みずから英語版のラザール論文集『ヨブの積み藁』（*Job's Dungheap*）を編集出版するが、それに先立って一九四二年、「ヘルツルとラザール」で、南フランス出身のこの早世した異形の文筆家のシオニズムへの関与について、みずからの見解を記していた。

ドレフュス事件と、ユダヤ人たちとともに同胞のひとり〔ドレフュス〕のためにたたかった自分の経験とに照らして見たとき、自民族の解放にたいするほんとうの障碍が反ユダヤ主義ではないということにラザールは気づいた。本当の障碍は、「貧しくて虐げられた者からなる民族が道徳的に退廃したことだった。彼らは裕福な同胞のほどこしで生活し、内部における抑圧によってではなく外部からの迫害があった場合にのみ反抗する民族であり、自分の社会ではなく他人の社会で革命家」だった。まずはじめに自分たち自身の自由を断念すれば自由の大義に奉仕することになるというのは誤りだとラザールは考えた。自由をもとめる闘士が国際主義者でありうるのはただ、その語によって、彼らがあらゆる国民の自由を承認する覚悟がある場合だけである。だから国際主義者が反国民的であることはありえない。自民族にたいするラザールの批判は、少なくともヘルツルの批判とおなじくらい痛烈だが、ラザールはけっして彼らを軽蔑しなかったし、政治は上から指揮されなければならないとするヘルツルの考えを共有することもなかった。政治的に無力なままにとどまるか、それとも救済者としてエリート集団の仲間入りをするか、この二者択一に直面した彼は、絶対的な孤立にひきさがる道を選んだ。

(『アイヒマン論争』、みすず書房、二〇一三年、齋藤純一・山田正行・金慧・矢野久美子・大島かおり訳、一四二―一四三頁)

シオニズムをめぐるアーレントの、振幅の大きな諸々の発言や行動のモチーフを整合的に理解するうえで、これらラザールへの言及を慎重に検討することは、今後不可欠な手続きになるだろう。たとえば「ユダヤ軍」設立構想への曲折に満ちた介入（「起こっていないユダヤ戦争」、『反ユダヤ主義』、一九一―二七〇頁）についても、最終的にどのような見方を取るにせよ、ナチスのヨーロッパ制圧という状況下で、ユダヤ人以外の諸民族も「世界喪失」に直面しているという判断にもとづき、ユダヤ人が独自の旗のもとに結集し、ドイツ支配下にある他の諸民族と対等な立場で参戦するという展望が、ラザール的な意味で理解された国際主義の実践として、またユダヤ人の政治的再生のために避けられない道として、この時期のアーレントの眼に、死活的な重要性を持ったという論脈は押さえておく必要があるだろう。ゲルショム・ショーレムの憤激を買った一九四四年の「シオニズム再考」にも、「ヘルツルとラザール」との一貫性は容易に認められる。

一九四〇年、対独降伏後のフランス政府によって、アルジェリアのユダヤ人が市民権を剥奪された事件を主題とする「クレミュー令はなぜ廃止されたか」（一九四三年）は、植民地状況における民族、国民、市民権の錯綜した関係と取り組んだ仕事であり、アーレントの問題関心の広さ、分析の犀利さを例証するもうひとつの事例である。共和主義左派のユダヤ人政治家アドルフ・クレミューの名が冠せられた一八七一年の政令によって、アルジェリアのユダヤ人はフランス市民権を付与され、ムスリムのアラブ人と分離されて、個人単位ではなく共同体全体が、第三共和制の宗主国への同化の対象となった。七〇年後の一九四〇年、第三共和制の崩壊後、この政令はヴィシー政権によって廃止された。一九四三年、連合軍はアルジェリアに上陸するが、自由フランス軍を率いるジロー将軍は、反ユダヤ主義的なヨーロッパ系植民者の支持を得るため、「アラブ人とユダヤ人の処遇の平等」を口実に、クレミュー令の廃止を維持する声明を発した。

ほぼ一年後、ドゴールによってクレミュー令は復活されるが、アーレントがこの文章を記したのは、ジロー将軍の声明の直後の時期である。クレミュー令自体が普仏戦争における敗北というコンテクストで、「原住民」叛乱を抑止するためのフランス植民地帝国の分断政策と、誕生したばかりの第三共和制が共和主義支持者を増やそうとした選挙対策という、二重の政治的要請を背景に成立したものであることをアーレントは見逃していない。その上で、ドイツの圧力が消滅したのち、解放されたフランスによってクレミュー令が再度廃止されたことは、植民地政策を含むフランスの伝統的な統治制度の原則の放棄、あからさまな「人種」の論理の露呈という意味を持つことを指摘する。『全体主義の起源』の未来の著者は、第二次世界戦争の戦勝国の側に、全体主義の論理がどのように取り込まれ定着していくことになるか、この時期すでに、ゆるぎない観察力で事態を注視していたのである(3)。

論集第2巻『アイヒマン論争』には、『イェルサレムのアイヒマン』刊行後にショーレムから寄せられた批判に対するアーレントの返信(「アイヒマン論争——ゲルショム・ショーレムへの書簡」）が収められている。論争のパトスにけっして流されることのないこの応答の一語一語が、論理、情動、判断力の、複雑な網の目を形成している。本題に入る前にアーレントは、みずからのユダヤ性を、自分が男ではなく女であるということと同様の、「あたえられたものであって、つくられたものではないもの」、「ピュシスによる（*physei*）ものであってノモスによる（*nomô*）ものではないもの」と規定し、そのような「あるがままのすべてのものにたいする根本的な感謝の念」は「政治以前のもの」ではあるが、「例外的な状況――たとえばユダヤ人の政治の状況――においては、いわば否定的な仕方であるとはいえ、結果として政治的な意味をもつ」と述べる。帰属という存在様態に関する彼女の理解の仕方、彼女をある時期シオニズムに接近させたモチーフが、ここに率直かつ簡明に表現されていると言うべきだろう(4)。「ユダヤ民族への愛の欠如」という、ショーレムが彼女に差し向けた非難に対する応答は明快である。彼女にとって「愛」の対象は個人でしかなく、「民族あるいは集団を「愛した」ことは一度もない」、自分がユダヤ人であるからこそ、「ユダヤ人への愛」は「疑わしい」。

この手紙でアーレントは、当時のイスラエル外相、後に首相となるゴルダ・メイアとの会見のエピソードを報告する。

その人物はイスラエルにおける宗教と国家の不可分性を――私の考えでは命

取りとなるようなことを――擁護していました。（……）「わたしが社会主義者としてもちろん神を信じていないことはおわかりだろう。わたしはユダヤ民族を信じているのだ」。わたしはこれをひどい発言だと思い、あまりにもあきれ返ってしまったために、そのときはなにも答えませんでした。けれどわたしはこのようにいうこともできたでしょう。この民族の偉大さはかつて神を信じていたことに、しかも神にたいする信頼と愛が神への怖れを上回るような仕方で信じていたことにあった。それがいまこの民族が自分自身しか信じていないとは？そこからどんな善が生じうるというのか？

（『アイヒマン論争』、三一八頁）

アーレントはここで、無神論者メイアと独自のユダヤ教解釈のもとに信仰生活を送るショーレムのあいだに楔を打ち込み、両者がシオニストとして共通して唱えるユダヤ民族への「信」や「愛」という観念の矛盾を対話者に突きつけているわけだが、同時にユダヤ教に対する彼女自身の微妙な立ち位置も表明していることになる。

続いてアーレントは、「悪の陳腐さ」という定式の含意をはじめ、ショーレムの誤解と彼女が考えたものを解くために、『イェルサレムのアイヒマン』の所論に、一点一点立ち返る。だが、死刑執行の是非をめぐる立場の違いに論及するとき、もう一度、ひそかに、ユダヤ教の問題に立ち返っているように思われる。というのも、この二つの論点は、少なくともアーレントのなかでは、なんらかの形でつながっていたらしいからだ。

あなたが死刑執行に反対なさる論拠をお出しにならなかったことを、残念に思います。なぜならこの問題を議論するなかで、もしかしたらわたしたちは、どこにおたがいの最も根本的なちがいがあるのかを見つける第一歩を踏み出していたかもしれないからです。それは「歴史的にまちがった」ものだった、とあなたはおっしゃっていますが、この文脈で〈歴史〉という亡霊が甦るのを見るのは心地がよくありません。わたしの考えでは、それは政治的そして司法的に（そしてこの後者こそがじっさいにはすべての問題ですが）正しかっただけではない――判決を執行しないことはまったく不可能だったでしょう。

（同書、三二二―三二三頁。アーレントによる強調）

この主張を十分に理解するためには、『イェルサレムのアイヒマン』に加えて、少なくとも『人間の条件』の「不可逆性と赦しの力」の章を同時に読み直さなければならないだろうし、ショーレムがアイヒマンの死刑執行に反対した論拠についても、この文脈にかかわるテクストを超えて、彼の著作のなかにあらためて探る努力が求められよう。このことからも明らかなように、この論争のコンテクストの、往々なされがちな過度な単純化には慎重であるべきだろう。それを無限定な時空に押し広げる深淵状の問いが、まさにここに開かれているからである。

註

（1）コーエンのこの講演は、ジャック・デリダが一九八〇年代にイェルサレムで行ったある講演で詳細に論じている。Jacques Derrida, «INTERPRETATIONS AT WAR – Kant, le Juif, l'Allemand», in *Phénoménologie et politique, Mélanges offerts à Jacques Taminiaux*, 1989, Ousia（ジャック・デリダ「INTERPRETATIONS AT WAR—カント、ユダヤ人、ドイツ人」、鵜飼哲訳、『現代思想』、一九九三年五月―八月号）

（2）ベルナール・ラザールに関する日本語によるもっともまとまった、優れた論考として、下記の文献が参照できる。菅野賢治「試論ベルナール・ラザール」上・下、『一橋大学研究年報、人文科学研究』、三五号および三六号、一九九八―一九九九年。

（1）この問題に関する近年の研究としては下記の論文を参照。Joëlle Allouche-Benayoun, «Les enjeux de la naturalisation des Juifs d'Algérie : du *dhimmi* au citoyen», in *Le choc colonial et l'islam – les politiques religieuses des puissances coloniales en terres d'islam*, sous la direction de Pierre-Jean Luizard, la Découverte, 2006

（4）ユダヤ性とともに性的差異を、ピュシスとノモスのギリシャ的分割に則って理解するここでのアーレントの議論については、すでに多くの指摘がなされている。Cf.Martine Leibovici, *Hannah Arendt, une Juive – Expérience, politique et histoire*, Declée de Brouwer, 1998 ; Jacqueline

Rose, «Amour de soi/amour du peuple : malaise dans le sionisme», in *Hannah Arendt- Crises de l'Etat-nation*, sous la direction de Anne Kupiec, Martine Leibovici, Géraldine Muhlmann, Etienne Tassen, Sens &Tonka, 2007

イスラームと女性の地位
——まず、知るべきこと

『ジェンダーにおける「承認」と「再分配」——格差、文化、イスラーム』越智博美・河野真太郎編　彩流社　2015年3月

はじめに——諸文明の基底と現代史

イスラームは現在、世界で一六億人を超える人々が「生きている」宗教である。「生きている」という言い方をしたのは、キリスト教やユダヤ教と同じく、ムスリムの家系に生まれた人がみな、まったく同じ信仰生活を送っているわけではないからだ。信仰のあり方、距離の取り方はさまざまであっても、なんらかの意味で自分がムスリム(男性の場合)、あるいはムスリマ(女性の場合)であると認識している人の数が、一般に挙げられるこの「一六億人以上」という数字である。

イスラームは、アブラハム(アラビア語ではイブラーヒーム)を始祖とする一神教のなかではもっとも最後に登場した宗教である。キリスト教暦六一〇年頃、当時四〇歳前後だったひとりの貧しい商人ムハンマドに神の「お告げ」が下る。非識字者だった彼の口から神が一人称で語った「教え」が書き留められ、コーランと呼ばれる書物

にまとめられた。ユダヤ教にとってのモーセ五書（キリスト教で言う旧訳聖書の最初の五書）、キリスト教にとっての福音書にあたるのが、イスラームではこのコーランの全体であると考えていいだろう。イスラームではこの書に対する信仰が非常に重視され、この書は神による被造物ではないとさえ考えられている。

私が専門にしているフランス文学および思想の領域でも、ヨーロッパの歴史を理解するために、イスラームに関する基礎知識は不可欠である。私がいま、「現在の」、あるいは「今日の」ヨーロッパとは言わなかったことに注意していただきたい。メディアの動向だけを追っていると、イスラームは欧米諸国に、ひいては冷戦以後の世界に、最近現れた政治＝社会現象のように思い込みがちである。しかし、そうではない。さきほど述べたようにイスラームはアブラハム一神教のなかでは最後に登場した宗教であるが、それでも、ヨーロッパという歴史現象よりは古いのだ。

古代地中海世界と区別される現在のヨーロッパは、大体キリスト教暦九世紀前後に成立したと考えられている。これは、イスラームの台頭に対する反作用としてヨーロッパが形成されたということを意味する。ラテン＝キリスト教文明としてのヨーロッパは、アラブ＝イスラーム文明に対抗することを通して形成されたのだ。いわゆる西洋世界とイスラーム世界の葛藤を理解するためには、その起源に遡り、何があったのか、何が問題だったのか、最低限の事柄を理解しようと努めることが大切である。

イスラーム化したアラブ人はすでに七世紀のうちにアラビア半島から北アフリカに

進出し、かつてローマ帝国領だったこの地域にイスラームを布教していった。もっとも、このとき北アフリカに渡ったアラブ人は比較的少数だったと言われ、現在アラブ語話者としてアラブ的アイデンティティを持っているこの地域の人々も、その祖先の多くはこの時期に改宗した、主としてベルベル系の原住民であった。そして、この北アフリカのムスリムが中心となって、イスラーム勢力は七一一年、地中海西端のジブラルタル海峡を渡り、イベリア半島に進出する。現在のスペインの大半では、このとき以来レコンキスタ（キリスト教徒による半島「再征服」運動）が完了する一四九二年（奇しくもコロンブスによる「新大陸発見」と同じ年）まで、七世紀にわたってイスラーム王朝の統治が続いた。

こうして、地中海を内海としたローマ帝国以来の、ラテン語を共通語とする古代地中海文明は終焉を迎えることになる。このことは、キリスト教圏の経済、社会生活に大きな影響を及ぼした。フランク国の事実上の主権者だったシャルル・マルテルが七三二年、現フランス領のトゥールとポワティエの周辺でサラセン軍の前進を食い止め、彼の孫にあたるシャルルマーニュが八〇〇年、ローマ法王からローマ皇帝の位を授けられる。これが後世、西方キリスト教世界の成立、ヨーロッパ文明の起源とされることになる出来事である。

イスラームの政治的、軍事的、経済的、文化的な発展は、キリスト教世界の分裂を決定的にした。東方キリスト教ビザンティン帝国はコンスタンティノープルを首都としてなお数世紀存在し続けるが、西方キリスト教世界とは分断され、独自の展開に向かう。また、イスラームが地中海の南岸を支配したことから、西方キリスト教世界の中心も、かつてのローマ帝国領の周縁地域である北方に移っていく。地中海貿易が不可能になったため、経済の中心は商業から農業にシフトする。こうして、中世封建制が徐々に確立していくのである。今日のテーマに戻れば、ヨーロッパ、西洋、ひいては近代世界成立の前提となるこうした歴史的事象のすべては、イスラームという世界的な宗教運動の勃興のインパクトを受けて生じたということである。パリもロンドンも、この大きな歴史的激動の余波のなかで発展していった都市なのだ。ベルギーの歴史家アンリ・ピレンヌ（一八六二―一九三五）は、『ヨーロッパ世界の誕生――マホメットとシャルルマーニュ』（一九三七年）という古典的著作で、この経緯を詳細に描き出した。

現在の西洋世界で「イスラーム問題」と呼ばれているものは、こうしてみると、とても深い歴史的根があることが分かる。現在主として英語圏で「承認」という概念で問われているのは、多くの場合、社会的少数者からの多数者に対する、文化的アイデンティティの承認要求である。イスラームの場合も、多々ある少数者文化のひとつとして、この枠組みで論じられることが多いように見受けられる。しかし、イスラームの場合が他の少数者文化の場合と異なるのは、それが現在覇権的な欧米文化の側のアイデンティティの、歴史的な成立条件そのものだったという点である。イスラームがなければそもそもヨーロッパは存在しなかったのであり、ヨーロッパは、現在その外観がいかに異なるように見えようとも、イスラームと闘いながら、しかしまた、古代地中海文明を継承・吸収してその遺産に独自の発展をもたらしたイスラームから多くのことを学びながら、したがって多くの文化的要素を分有しながら、ひとつの対抗的文明圏として成長していったのである。

一九七九年、イランでイスラーム共和国が成立すると、この年を境に、「政治的イスラーム」が世界政治の不安定要因として語られるようになった。そして二〇〇一年の九月一一日に、アメリカ合州国の主要都市で起きた巨大な暴力的事態は、その後の世界情勢に決定的な影響を及ぼした。今また、「イラクとシャームのイスラーム国」の登場とともに、欧米諸国出身の「聖戦志願者」の急増が危惧されている。私たちの時代を強力に規定するこうした政治＝社会現象の本質は何なのだろうか。私の考えでは、それを単純に宗教問題とみなすことは誤りである。中東、アジア、アフリカで現在イスラームの名において展開されている政治＝社会運動は、一六世紀以降の、資本主義的な世界システムのもとでの、西洋諸国による植民地支配に直接の原因がある。とはいえ、この視点に立つだけでは、現在起きていることを十分に理解することはできない。欧米諸国とイスラーム世界の葛藤は、往年の宗教戦争の単純な延長ではないが、私たちがイスラームをアイデンティティとする人々と対等に対話するためには、したがってこの人々の「承認」の要求に応答するためには、最低限の歴史的知識が求められる。

現代という時代の特徴のひとつは、諸文明の基底において問われたことが、もっともアクチュアルな課題と驚くべきかたちで結びつき、近代の規範的な価値基軸を単純に当てはめるだけでは、到底理解できない様相を呈することがあることだ。現在、世界のいくつかの地域で、イスラームの名のもとに行われている、女性の隔離、人格否定、隷属化は、そのなかでももっとも顕著な現象であると言えるだろう。イスラームが問題とされるとき、なぜ女性が置かれている状況が、つねに焦点化されるのであろうか。そのことを、事態の深刻さにふさわしい水準で考察するために、必要とされる歴史的知識とはどんなものなのだろうか。それが、「ジェンダーから世界を読む」という私たちの課題のなかで、私がここで問い直してみたいことである。

聖典は何を命じているか

ある文化の欠陥とされるものが問題になるとき、自分なりの判断を下す前に、最低限なされなくてはならない手続きがある。ひとつは、その文化のなかで「生きている」人々の考えを具体的に知ろうと努めること、もうひとつは、その文化の規範とされる文書のなかで、その問題について何が言われているかを調べることである。ここでは後のほうの手続きに限定して話を進めることにする。コーランに見出される女性に関する規定を、早速抜き出してみよう。

両親、及び親戚の遺産の一部は男子に。女にもまた両親、及び親戚の遺産の一部を。少額のこともあろう、多額のこともあろう、ともかく所定の割当て分を。もしその分配の席に縁続きの者や孤児や貧民が居合わせたなら、そういう人たちにも幾分かの志しを出してやり、やさしい言葉の一つもかけてやること。

（四章「女」八―九節。『コーラン』（上）一〇九頁）

汝らの子供に関してアッラーはこうお命じになっておられる。男の子には女の子の二人分を。もし女が二人以上いる場合は、（彼女らは）遺産の三分の二を貰う。女の子が一人きりの場合は、彼女の貰い分は全体の半分。それから両親の方は、（被相続人に）男の子がいる場合は、どちらも遺産の六分の一ずつ。子供がいなくて、両親が相続人である場合には、母親に三分の一。（…）

また汝ら（夫の側）の遺産については、もし汝らに子供がない場合は、妻たちがその四分の一を貰う。だがもし子供があれば、遺産から汝らが特に遺言しておいた分と負債とを差引いた残りの八分の一を彼女らが貰う。（…）

男でも女でもこれを正当に相続する者がなくて（つまり子供も両親もなくて）、ただ兄か弟また姉か妹が一人いるような場合には、そのいずれも六分の一を貰う。

（…）

以上がアッラーのおきめになった戒めの線。誰でもアッラーとその使徒（ムハンマド）の言い付けに従う者は潺々《せんせん》と河川流れる楽園に入れて戴いて、そこに永久に住むことになろう。それこそこの上もない栄達ではないか。だが、誰でもアッラーとその使徒の言い付けにそむき、戒めの線を踏み越えるような者は、劫火の中に突き落とされて、そこに永久に住みつき、恥ずかしい罰を受けることになろうぞ。

（四章一二―一七節。『コーラン』（上）一一〇―一一一頁）

まず驚かされることは、宗教の聖典でありながら、遺産に関する規定が、きわめて具体的に記されていることである。もちろん、現在の世界で規範とされている基準に照らすなら、ここに書かれていることが女性に対する差別的な規定であることは明らかだ。しかし、これはキリスト教暦七世紀の文書である。この時代の世界を共時的に眺め渡すなら、女性に対する配慮がもっとも行き届いた戒律のひとつだったとは言えるのではないだろうか。当時のアラビア半島で女性が置かれていた無権利状態に心を痛め、少なくとも財の所有・管理という面では、できるだけ自立した生活が可能になるよう、心を砕いた跡が認められる。

イスラーム内部にはいわゆる「原理」派と「改革」派の葛藤がある。その経緯について具体的に述べる場ではないが、その対立の根源にはコーランをどのように読むべきかという問いに対する態度の違いがある。「原理」派と呼ばれる潮流では、コーランは文字通りに理解しなければならないとされている。二一世紀の現在に、七世紀の規定をそのまま適用することが、神の意志に適うことだと考えられている。

それに対し、イスラーム内部から、イスラームの始源の着想に忠実に、イスラームの現状を変えていこうとしている人々がいる。この人々は、コーランは文字通りに適用すべきではなく、その精神、着想の根本を積極的に汲み取ることによって、女性をはじめ、現在のイスラーム社会で抑圧を受けているすべての人々の解放につながるよう解釈しなければならないと考えている。この人々の探求、苦闘は、イスラーム社会の外部からは大変見えにくくなっているが、現在の世界でもっとも大切な闘いの最前線にいる人々である。そして、そのなかには、沢山の女性たちがいる。

コーランの定めるこの戒律を、他の宗教、あるいは近代の法典における女性の財産規定と比較してみよう。キリスト教の福音書に記されたイエスの教えは、当時ローマの支配下にあったパレスチナの、現世的な政治秩序には触れない。『マタイによる福音書』(二二章一五節)には、「カエサル(皇帝)のものはカエサルに、神のものは神に返しなさい」という有名な言葉がある。この言葉は、伝統的に、現世、すなわち世俗的秩序と、来世にかかわる神聖な霊的秩序は、けっして混同されてはならないという意味に解釈されてきた。この解釈によれば、キリスト教は、本質的に非政治的な宗教であることになる。

女性の財産権の明確な認知という点に関して、フランス革命の後、最初の近代的法体系として公布されたナポレオン法典（一八〇四年）を見てみよう。この法典では夫に、みずからの財産の管理権・処分権に加え、妻の固有財産の管理権も与えられていた（一四二一、一四二八条）。このことと比較するならば、千年以上前にコーランが、女性に財産の管理権を認めていたことは驚くべきことではないだろうか。ヨーロッパにおいても女性の社会的諸権利は、この二世紀のあいだの苦しい闘いを通して獲得されていったのである。ちなみに、フランスで女性参政権が確立されたのは一九四五年のことである。

「〈南〉の文化」と内婚制

それでは、現在のイスラーム世界の一部にみられる女性の隔離、人格否定、隷属化という現実は、イスラームの聖典が命じているのではないとすれば、いったい何に由来するのだろうか。この問いに正面から取り組んだ先駆的な仕事として、ここでフランスの人類学者、ジェルメーヌ・ティヨンの著作を参照することにしたい。

ジェルメーヌ・ティヨン（一九〇七―二〇〇八）は、日本では最近紹介が始まったばかりだが、二〇世紀のフランス、ひいては全世界で、もっとも偉大な女性知識人の一人といって過言ではないだろう。ティヨンは一九三〇年代から北アフリカ・地中海地域の人類学調査に携わり、第二次世界戦争中は早くからパリの人間博物館の対独抵抗組織に加わり、検挙され強制収容所に送られるなど、学問研究と政治関与の両面で、時代の最前線で活躍し、経験と知識を積んでいった。そしてフランスの解放後、一九五四年にアルジェリアの独立戦争が開始されると、フランスのドゴール政権とアルジェリア民族解放戦線の秘密交渉の密使として活動する一方、フランス軍の拷問を告発し、多くの独立活動家の処刑を阻止するために全力を尽くした。探求することを止めず、時代と格闘しながら、一世紀に及ぶ長い人生を通して信念を貫いた、文字通り巨人的な存在である。

歴史的現実へのこのような深い関与の一方で、戦前以来蓄積してきた研究の成果を、一九六六年、ティヨンは一冊の本にまとめる。フランス語の原題を直訳すると『ハーレムとイトコたち』(*Le harem et les cousins*)、日本語訳では『イトコたちの共和国』、そして「地中海社会の親族関係と女性の抑圧」という副題がついている。翻訳者は、日本におけるマグリブ(北アフリカ)研究のパイオニア的存在である宮治美江子氏である。

この本におけるティヨンの主張を一言でまとめると次のようになるだろう。イスラーム社会における女性隔離は、宗教に従ってではなく、宗教に反して形成された。みずからのフィールド調査と同時代の人類学的知見の突き合わせや、イスラームに関する歴史的文献研究など、独自の学際的な探求の積み重ねの上に、彼女はこの結論にたどり着いた。この著作は学際的な性格が強いために、学術制度上の分類に容易に当てはまらない。私が勉強を始めた一九七〇年代には、フランスではイスラーム世界を知るための必読文献のひとつとみなされていたが、「イスラーム問題」がメディアの前面を占めるようになるにつれ、かえって次第に読まれなくなってきたような気がするのは残念なことである。

ティヨンとまったく同世代のフランスの人類学者にクロード・レヴィ＝ストロース（一九〇八―二〇〇九）がいる。レヴィ＝ストロースは第二次世界戦争中アメリカ大陸に渡り、ボロロ民族などブラジルの先住民の共同体に滞在して、戦後『悲しき熱帯』、『親族の基本構造』、『野生の思考』といった一連の重要な著作を発表した。レヴィ＝ストロースは、彼が非歴史的な「冷たい社会」と考えるいわゆる「未開社会」の、外婚制と呼ばれる婚姻制度を深く分析した。外婚制は旧石器時代後期以降、狩猟採集社会の人口調整の必要から、飢餓と戦争を回避するために発達した婚姻制度である。この制度は共同体間で「女性の交換」を行うことによって機能し、「近親婚の禁止」という観念上の規範形態を取る。

「新世界」の「未開社会」にみられるこのような社会構造に対し、「旧世界」、とりわけ地中海沿岸一帯では、逆に独特の内婚制が発達する。イギリスの人類学者ゴードン・チャイルドは『文明の起源』（一九三六年）で、約八千年前に起きた「新石器革命」（磨製石器・土器の発明）の結果、人間社会が狩猟採集の段階を脱し、農業と牧畜の発展に向かい、原初的な都市が形成されるにつれて、内婚制が形成されていったという説を立てた。内婚制は、人口拡大に向かういわゆる「文明社会」で、共同体の財産を維持し、その分解を阻止するために形成された制度であると考えたのである。

こうした先行研究の成果を踏まえ、ティヨンはみずからの問いを次のように立てる。なぜ地中海世界でだけ、近親間の、一般にはイトコ同士の婚姻が求められるようになったのか。このような内婚制は共同体間の「女性の交換」を熱情的に拒否し、家族の激烈な自尊心とともに、「身内で生きること」を強く求める。このような社会では、男性にとって理想的な伴侶とは、「姉妹にもっとも近い親族」である。そしてこの傾向は、ティヨンが成長した二〇世紀前半の地中海世界では、イスラーム、ユダヤ教、キリスト教カトリシズム、東方正教の区別なく認められるものであった。こうした諸文化を総称して「〈南〉の文化」と呼ぶことがある。ティヨンは南フランスのカトリック教徒のなかに、ほとんど外出しない女性たちがいることを、みずからの経験によって確認している。また、アルジェリアのユダヤ教徒の家系に出自を持つ哲学者のジャック・デリダ（一九三〇―二〇〇四）は、あるインタビューのなかで、自分は共同体外で結婚した最初の人間のひとりであると述べている。

ティヨンは、みずから行った民族学調査の結果を、古代ギリシャの歴史家ヘロドトスの記述と突き合わせ、同時代の考古学的発見をも参照しつつ、このような内婚制的社会構造が、前イスラーム期から二〇世紀に至る北アフリカに、恒常的に存在してきたことを確認した。ティヨンは植物的な比喩によって、この地域の歴史の特徴を次のように表現している。

マグリブでは、変化する事物（女性の服装、髪型、「現地報告」）が先史時代から今日にいたるまで明らかに不変であり、「文明の事実」、周知の通りもっともイスラーム的なもの（したがってある歴史的な時期に輸入されたもの）は、コーランの布教の千年前からすでに移植されていた。それは、いまや私たちに、今日私たちが発見できるものとは異なったその根を示してくれる。それは葉が残り、根が廃るという不思議な植物である。（ティヨン　一二六頁）

戒律の遵守と回避

その教義のうちに女性への財産分配についての規定を持つイスラームという宗教の出現は、このような内婚制社会に、どのようなインパクトを与えたのだろうか？　そのことの意味は、ティヨンが調査研究を行っていた時期、女性のヴェール着用が主として都市の現象だったということから垣間見えてくる。ここでは、先に見たコーランの規定は、分配すべき財産がどのような性質のものかによって、受け止め方が大きく異なってくるという点がポイントである。ティヨンは次のように述べている。

この相続の規定が公布された社会的文脈において、この分配がどれほど合理的であるかを推しはかるためには、コーランは夫が妻と子供たちを「完全」に養う責務を夫に課していることを思い出す必要がある。彼がいかに貧乏であろうと、妻がいかに豊かであろうとである。さらにはコーランは、既婚女性がその個人財産（持参金、婚資、相続財産）を「独立して」管理する権利を与えている。

こうした見通しの中で、法制定者はその結果、息子には自らの生活維持とともに、結婚後は妻と子供たちを扶養することを想定していた。それに対して娘は、夫（やがて息子）が彼女に与えることを法が定めた生活の糧をあてにすることができた。いずれにせよ、妻は、自分の身内の必要以外のものを負担する必要がない。さらにはどのように小さなものであろうと、一連の災害が彼女にふりかかり、言い換えれば、彼女が寡婦、孤児であったり、身を寄せる息子も兄弟もいなかったりするという不幸に見舞われない限りである。またそのような場合には、彼女は、父親からの相続の半分、夫からの相続の四分の一、結婚の時に支払われた婚資を持つことができた。

これらの規定は、コーランの章句が啓示された時代には文明化された世界においてもっとも「フェミニスト的」な法制であったが、同質的な部族においては真の破壊的爆弾といえるものであったし、今もそうあり続けている。（ティヨン　二〇二頁）

遊牧民の場合、主要な財産は家畜である。家畜の分配は原則として可能であり、たとえコーランの規定を適用すると端数が出るとしても、調整は不可能ではない。家畜の世話は主として男性の仕事なので、女性の財産の管理も、その意味では男性が引き受けることになるのだが。しかし、遊牧民の部族社会は、この財産分割の戒律を遵守することによって、ある家系のもとに資本を蓄積し、経済的な発展を遂げる道を、事実上みずから放棄することになった。

イスラームの教えとのあいだに、もっとも深刻な葛藤が生ずるのは農民の場合である。主要な財産は土地であり、土地は物理的には分割可能だが、相続による土地の分割は、家族の財産の存続に、破局的な結果をもたらすからである。ここで先ほどのコーランの規定が、きわめて厳格に命じられていることを思い出す必要がある。「だが、誰でもアッラーとその使徒の言い付けにそむき、戒めの線を踏み越えるような者は、劫火の中に突き落とされて、そこに永久に住みつき、恥ずかしい罰を受けることになろうぞ」。敬虔なムスリムにとって、これは恐るべき言葉である。神が命ずる戒律を無視すれば地獄に落とされるのだから。ところが、ティヨンがアルジェリアのオーレス山系、カリビー地方、またモロッコの山岳部で行った数世紀にわたる土地台帳の調査の結果判明したことは、信仰の篤いムスリムである農民たちが、こと財産の分割に関するこの戒律については、あらゆる手段を講じてその適用を回避してきたこと、神が規定した女性たちの財産権を、徹底的に侵害してきたということであった。そしてこのような農民社会では、女性の隔離、ヴェールの着用は、支配的な現実とはならなかった。

遊牧民と農民のこの対照的な状況を、ティヨンは次のようにまとめている。

一三世紀以降、一世紀あたり三世代の割合で、マグリブ農民――いうまでもなくすべて敬虔なムスリムである――は、彼らの土地を家系に従って所有することを犠牲にするよりも、地獄の大きな炎を選択していた。そして部族の方はどうかといえば、時代を通して、彼らの永遠の生命を救うほうを選び、そのためには彼らがもっとも大切にするもの、つまりこの世界での生存を放棄したりした。（二〇六頁）

イスラーム世界で、女性の隔離という問題に関して決定的に重要な社会領域は、遊牧空間でも農村でもなく、ハーレムが形成された都市にほかならない。都市生活者の動産、すなわち衣類、家具、貨幣は分割可能である。しかし、歴史的事実として、イスラーム世界の諸都市では、ムスリムの家系はキリスト教徒の家系と比較して、コーランの財産分割規定があるために、財産を維持すること、まして蓄積することが、非常に困難な状況に置かれた。都市生活のなかでムスリムの家系がその財産の分散を回避する究極の手段、それが女性の隔離だったのではないか。女性に対するヴェール着用の強制やハーレムの形成など、イスラームに固有とみなされている社会現象も、そこに原因が求められるのではないか。それは「宗教的服従によって、内婚制に基づく家族の財産にもたらされた損害に対抗した保護、究極の防波堤」だったのではないか。これが、この研究で、ジェルメーヌ・ティヨンがたどり着いた結論である。

おわりに――ティヨンの研究の思想史的位置

イスラームにおいてもキリスト教においても、地中海地域の女性はつねに騙し取られてきた。ある場合は、フランス革命にもかかわらず、ある場合はコーランにもかかわらず。フランスで、この奪取は現在残された地帯にしか残存していないが、そうした進化の理由は、全般的な経済の進歩に求められなければならないし、その進歩の結果としてすべてがもたらされることになる(とりわけ、次第に「家族財産」を破壊し、職業に従事する女性がたえず増加していくのである)。宗教と道徳は、そのすべてにおいていかなる役割も果たさない。(二一二頁)

ティヨンは、イスラーム世界における女性隔離を、要約すると、次のような論理的必然に即して形成されたと考えたことになる。①宗教的な情熱は女性の遺産相続を要請する、②しかるに、女性の遺産相続は部族を解体する、③解体した部族は外来者を受け入れ、内婚制は崩壊する、④内婚制を維持し、一族の息子たちのために娘たちを確保するために、父が娘たちにヴェールを纏わせる。

イスラームの名において行われる女性の隔離に関するティヨンのこのような分析は、今から半世紀ほど前、イスラーム世界に属する国々が、西洋諸国の植民地支配から脱し、独立を達成した直後の時代に公表されたものである。そこには、今日私たちが、あらためて想起するべきいくつかの思想的特徴が表れている。

まず気がつくことは、マルクス主義的立場を公然と表明してはいないとしても、経済的下部構造に、研究方法上の重要な位置が与えられていることだ。先行する、あるいは同時代の他の人類学者たちも、レヴィ＝ストロースのように、マルクス主義の一方の柱である史的唯物論に異を唱え、文化相対主義の立場を鮮明にした場合でも、社会現象の分析における下部構造の重要性は否定していない。ひとつ前の世代のチャイルドの先史学は、技術の発展にもとづく生産力／生産関係の矛盾の拡大、そこから生ずる歴史的変化を強調することによって「新石器革命」という新たな知見をもたらした。その業績が、マルクス主義的な方法の所産だったことは明らかである。ティヨンの場合も、女性隔離という社会的、イデオロギー的上部構造を、そのなかで「生きる」当事者たちの意識にはけっして上ることのない、ある経済的要請から説明しようとした点で、同じ認識論的基盤を共有していると言えるだろう。

ここで私が強調したいことは、このようなアプローチが、第二次世界戦争後の世界的な知の組み替え作業において、異文化理解のうえで、大きな役割を果たしたということだ。

世紀転換期に、主として英語圏から、多文化主義的リベラリズムに対する批判の文脈で、「承認か再分配か」という二者択一のかたちで提出されてきた問題設定は、別の角度から見れば、私たちの時代の世界認識の方法、社会変革の方向性の探求において、マルクス主義的アプローチをどのように再導入すべきかという、より大きな問いの、ひとつの現れだとも言える。その場合、マルクス主義内部における上部構造の相対的自立性をめぐる論争を経て、いわゆるヘゲモニー論が文化研究において重視されていき、その結果経済的下部構造の規定性が閑却されていったという、このところ時折見かけることのある思想史的な語りは、かなり視野の限定されたものであることに注意する必要がある。ティヨンのイスラーム、マグリブ研究は、下部構造の重要性を強調しつつ、異文化間の相互認識、相互「承認」の発展に寄与することを目指したものであり、この語りのなかではかなり収まりが悪い。

第二に、ティヨンの研究は、地中海世界が主要な対象領域であるために、異文化研究が、そのまま自文化の問い直しに直結していることが注目される。ティヨンの世代は、女性の社会的状況のドラスティックな変化を経験した。言い換えれば、地中海の北岸と南岸で、数十年前には、とりわけ農村部において、女性の社会的状況に多くの共通点が見られたことを、みずからの経験によって知っていた。異文化に対する差別的まなざしが、往々にして、自文化の欠陥から目をそらし、それを他者に投影するメカニズムから生まれることを、肌身にしみて理解していたのだ。「自分自身を観察することなしに他者を観察してはなりません」というティヨンの厳しい言葉を、私たちはけっして忘れてはならないだろう。

最後に、ティヨンが活躍した時代、世界的な教育の理念として、大きな力を持った文章を紹介したい。この文章が発表された時代以来、教育という営為そのものに対し、理論的、実践的な批判が、さまざまなかたちで展開された。この文章にはひとつの啓蒙の理念が表明されていて、その理念は、私の目にも、大きな限界をはらんでいるように思われる。しかし、第二次世界戦争の惨禍のなかから生まれたこの文章には、少なくとも、普遍的な教育の理念がさまざまな姿の排外思想に破壊されつつあり、戦争の脅威が世界各地に急速に拡大しつつある今、あらためて想起される意義があるように思われる。

> 戦争は人の心の中で生まれるものであるから、人の心の中に平和のとりでを築かなければならない。相互の風習と生活を知らないことは、人類の歴史を通じて世界の諸人民の間に疑惑と不信を起こした共通の原因であり、この疑惑と不信のために、諸人民の不一致があまりにもしばしば戦争となった。
>
> （ユネスコ〔国連教育科学文化機関〕憲章、一九四五年）

この言葉が発せられて、やがて七〇年が経つ。私たちはいま、どこにいるのだろうか？

参考文献

『コーラン（上・中・下）』井筒俊彦訳、岩波文庫、一九六四年。

ジョーン・W・スコット『ヴェールの政治学』李孝徳訳、みすず書房、二〇一二年。

ジェルメーヌ・ティヨン『イトコたちの共和国――地中海社会の親族関係と女性の抑圧』宮治美江子訳、みすず書房、二〇一二年。

ツヴェタン・トドロフ編『ジェルメーヌ・ティヨン――レジスタンス・強制収容所・アルジェリア戦争を生きて』小野潮訳、法政大学出版局、二〇一二年。

アンリ・ピレンヌ『ヨーロッパ世界の誕生――マホメットとシャルルマーニュ』増田四郎監修、中村宏・佐々木克己訳、創文社、一九六〇年。

インティファーダ、パレスチナの新しい〈顔〉

『パレスチナ民衆蜂起とイスラエル』（小田原紀雄・村山盛忠編）書評『インパクション』57号　1989年4月

パレスチナは色々な〈顔〉を持っている。どの〈顔〉も、パレスチナにいかなる〈顔〉も持たせまいとする勢力との格闘のなかから輝き出た〈顔〉だ。そして私たちは、そうした〈顔〉の一つ一つから、つねに新しい何ごとかを学んできた。

一九四八年から六五年まで、パレスチナは固有の〈顔〉を持たなかった、それはアラブの〈顔〉に融け込んでいた。六七年の大きな敗北と六八年の小さな勝利から初めてパレスチナの〈顔〉が現われたとき、襲いかかったのはシオニストばかりでなく、ヨルダンのフセイン国王率いるアラブの軍隊でもあった。世界に散った「黒い九月」の戦士たちは、あるときはハイ・ジャックによって、またあるときは果敢な武装襲撃によって、たとえ僅かな人数でも、シオニスト、アラブ反動派、そして世界の帝国主義と堂々と渡り合えることを示したのだった。パレスチナのこの〈顔〉に魅せられた少なからぬ若者たちが、アメリカの、ヨーロッパの、日本の街頭から、大学のバリケードから、パレスチナへ旅立っていった。

だが、それとは異なる動機、異なるきっかけからパレスチナに向かい、そこにまた別の〈顔〉を発見した人々もあった。たとえば信原孝子さんのように、医療活動による支援を志して、レバノンのキャンプを訪れた様々な国の医師や看護師たち。この人々は生活と一体となった闘いに、男たちの闘いを支え、自分たちの闘いを組織する女たちに、犠牲者に甘んじることを拒絶する民族の知恵を学びつつ育つ子供たちに出会った(その後、各国におけるパレスチナ連帯運動の中核となっていったのは主にこうしたボランティア活動家であり、私が先日まで暮らしていたフランスでも、最も活発で効果的な支援活動を組織していたのはフランス・パレスチナ医療協会であった。信原さんに旅券の再発行を拒否している日本政府は、こうした回路を通じて民衆がパレスチナに学んでいくことを真剣に恐れているのである)。

八七年一二月九日以来、パレスチナはまたまた新たな〈顔〉を獲得した。あれほどの虐殺、あれほどの抑圧、あれほどの分裂の果てに、これほど新鮮な〈顔〉とともに再び姿を現したこの民衆の前で、「インティファーダ」という美しい言葉の前で、「僕の村にだって永遠に投げ続けるだけの石はあるさ」と語る少年の前で、私はまだ呆然としている。

だが、このなすすべのなさは、また、私の〈現在〉の貧しさの反映でもあることは言うまでもない。パレスチナのこの新しい〈顔〉から何をどのように学ぶべきだろう。

本書『パレスチナ民衆蜂起とイスラエル』はこうした問いに解答の糸口を与えてくれた。何よりもまず、現在進行中の被占領地の闘いから、パレスチナの多様な〈顔〉を発見、あるいは新たに再発見していこうとする強固な意志において。

このことは本書の構成のなかにも、また各章の内容のうちにも感じ取ることができる。第一章「イスラエルの占領政策と被占領下の闘い」及び第二章「ヨルダン川西岸地区の占領と弾圧」では、入植・土地収奪・分断工作・テロルといった占領の実態が、明白に併合・植民地化へと方向づけられていることが明らかにされるとともに、蜂起の最初の五ケ月の攻防が、日録の形で簡潔に報告される。「石に籠められたメッセージを解読する」と称して手前勝手な解釈を繰り広げることに余念のないフランスの「進歩的」メディアに辟易していた私は、この禁欲的な姿勢から大変さわやかな印象を受けた。だがこの姿勢は、本書の後半が八二年イスラエル侵略以降のレバノン情勢を対象として、ベイルート・ダマスカスからの信原孝子さんの通信と、国際委員会による、サブラ・シャティーラ虐殺加担を始めとするシオニストの軍事行動の総体的な批判作業の紹介から構成されていることと深く関連している。そこには被占領地の闘いを一面的にいわゆる「政治解決」の文脈に流し込んで了解しようとする傾向に対し、歴史的・空間的にトータルにパレスチナと向きあおうとする連帯運動の基本姿勢が貫かれているのである。

七〇年代のフェダイーンの闘いや、レバノンにおけるイスラエル侵略軍に対する抵抗の歴史抜きには、インティファーダの大衆的・持続的実力闘争の地平は展望され得なかったであろう。パレスチナの様々な〈顔〉は取り替えのきく仮面のようなものではなく、時間的・空間的分断を逆にバネとしてつねに再生＝新生する伝統にほかならない。それは、テンノーというたった一つの不快な〈顔〉の出し入れ以外に顔のないどこかの国の「伝統」とはおよそ同じ言葉で括り得ないような歴史性である。その意味で、現在反天皇（制）闘争の渦中にあるキリスト者が「あとがき」で記している、本書が反「Xデー」闘争の只中から世に送られたという事情は、本書の内容に即して本質的かつ重要なことであると思う。

第3章

テロルの主体

国家と民衆

「こんなことはもう二度と《プリュ・ジャメ・サ》」フランス学生運動の苦い勝利

『インパクション』45号　1987年1月

四回のデモがあった。

季節はずれの花々のような、陽気な驚きと冗談めいた逸脱の（一九八六年）一一月二七日。シラクの拒絶と挑発に直面し、笑いの波が、怒りと決意に変貌していった一二月四日。この夜、CRS（＝共和国保安隊。機動隊に相当。内務省所属）は、国会周辺で、カルチエ・ラタンで、学生とみるや襲いかかり、多くの重傷者が出る。翌日、重傷者の一人、マリク・ウスキンの死。生々しい悲しみと怒りを押し殺した一二月六日の無言の行進。七日、シラク、ドヴァケ法案の撤回発表。全国学生調整委員会は、当面の勝利を確認しつつ、一〇日のデモとストライキの呼びかけを堅持。ただひとつのスローガン――「こんなこと（国家権力によるマリク・ウスキンの殺害）はもう二度と」。過去三回のデモにみられたあらゆる要素――笑い、怒り、悲しみ、そして静かな決意――が、この日のデモのなかに融合し、多くの労働者、市民がそこに合流していった。この間、わずか二週間。

各大学の自治拡大という美名の下にシラク政権が目指したものは、高等教育への選別主義システムの徹底した導入だった。ドヴァケ法の下では、①バカロレア（大学入学資格）は、もはやこれまでのように、各人の選んだ大学、学部への進学権を意味せず、逆に大学の側に、オリエンテーションという名の、学生選択権が認められる②第一課程から第二課程への進学に際し、再度選別が行われる③これまで全国一律だった登録料の自由化により、「金持大学」「貧乏大学」への分解がもたらされる。これは、六八年以前への逆行、否、一層はなはだしい教育の機会均等原則の蹂躙を、そして、二五〇万を越える失業者を前に、競争原理の徹底化による、人民への更なる犠牲の転嫁を意味していた。高校生及び第一課程の学生の間に、将来への激しい不安が拡がったことは余りにも当然だった。

しかし、この短い通信のなかで強調しておかなければならないのは、今回の闘いを中心的に担った二〇歳前後の青年層が、二年前に始まる「人種主義SOS運動」（『東京劇場』（UPU出版）におけるF・ガタリの発言参照）のなかで、移民労働者の子弟との幼時からの親交に根ざす日常的な生活感覚を軸に、政治的に自己を組織する経験を、すでに持っていたという点である。既成の政治勢力にほとんど共感を示さない高校生が大衆的に立ち上がった背景には、「人種主義SOS運動」の活動家の尽力があったと言われる。

殺されたマリク・ウスキンがアルジェリア人の移民二世であった事実は、現在のフランス社会においていかなる意味でも偶然とは言えない。マリクの死と同じ日、パリ郊外パンタンでは、アラブ人青年アブデル・ベンハヒヤの私服警官による射殺と、警官・司法一体となった、事件もみ消し工作が起きている（P・ヴィリリオはこの事件を正当にも、「おそらくマリクの死以上に人を不安にさせるもの」と評した）。教育法改悪阻止の一点に絞りこみ、そして見事に勝利した大衆闘争は、このコンテクストのなかで、八七年初めにも予想される国籍法改悪の阻止にむけた闘いの前哨戦という意味を必然的に含んでしまっているのだ。事実、『アクシオン・ディレクト』のメンバーとして懸賞金付で追及されている二人の女性の手配写真は、市内各所で黒く塗り潰され、代りに、「シラク・バスクワ（内務大臣）＝人殺し」「マリクの死を忘れるな」等のスローガンが次第に壁を占領しつつある。

　だが、右翼ファシストとの物理的衝突、戦線内部の矛盾の噴出が必至とみられる、この次なる闘いに勝利し得るためには、また別の陣型が、別の組成《アジャンスマン》が、今回の勝利をわがものとした高校生・学生の巨大な隊列を横断しつつ、追求されなければならないだろう。また一方、手痛い敗北を蒙った現政権が、エピソードにすぎない破壊事件や、『アクシオン・ディレクト』の活動を口実に、大規模な弾圧によって局面の打開を図る可能性もささやかれており、「知識人」を中心とした情勢監視委員会の組織化が、それに対応する形ですすんでいる。

学園からも、熱気は決して去っていない。八七年のフランスは十数年ぶりの激動を迎えるだろう。

「十二月」を可能にしたもの
――フランスの「異邦人」と「SOSジェネレーション」

『インパクション』48号　1987年7月

彼らは一体誰だったのか、八六年一一月二七日忽然と現れて首都の街頭を制圧し、一人の死者と少なからぬ重傷者を出すという犠牲を強いられながら、二週間の闘いでシラク政権の教育法改悪を阻止した若者たちは？　六ヶ月が過ぎた今、書店の店頭にはこの問いに対するいく種類かの回答が並んでいる。ローラン・ジョフラン『若さの一撃』、ダヴィド・アスリン／シルヴィア・ザッピ『冬に訪れた我らが春』は、それぞれの観点からこの闘いを動機付けたもの、それを勝利に導いたものを証言し分析している。

だが、こうした報告がわれわれ局外者にとっていかに興味深いものであるとしても、この闘いを実際に担った人々にとってはすでに旧聞に属するだろう。彼らの関心はほかの所にあるはずなのだ。すなわち彼ら自身の運動の歴史的起点を問い尋ねること。

六八年五月のような昔話(失礼！)のことを言っているのではない。そもそも六八年と八六年を比べて似ているとか違うとかいう論議に多大なインクが流されはじめた時点で、フランス的メディア（いわゆる「左」派のそれも含め）の政治操作が働いていたのだ。八〇年代の初頭からフランス社会の深部を揺り動かしてきたブールBeurs〔アラブ arabe の逆さ読みによって生まれた造語〕、すなわち移民二世の闘いを、早急に古文書のうちに封じ込めるために。フランスにおいてすら語られることの稀な、ブールと学生運動の連関について、移民運動の機関誌の一つである『イン・メディア』(Im'média) 誌に拠りながら基本的な事柄を整理してみたい。同誌五月号の論説記事の明解な一文から始めよう。

「あれ以来、彼ら自身の運動の形成過程についての歴史的知識に飢えているこの世代にとって、ブールの政治経験を知るための通路はほとんどないのである。」

フランス的な、余りにフランス的な巧妙な回収のメカニズムを暴露し、この社会の最深部で生じつつある目立たないが決定的な変動を明るみに出すことが問題である。それには一九八三年の「行進」のようなブールのイニシアティブを単に八六年の起点として捉えるのではなく、七〇年代の様々な試みの到達点と見る観点が重要であろう。

「今やブールという言葉そのものの曖昧さを払拭すべき時である。この言葉は流行現象、一時的な心情の発作によって天上高くはじき飛ばされ、そしてすでに厄介払いされようとしている。ところで本来ブールという言葉はアラブ人と移民集住地区の人々とを混在させていた。それはある生活共同体への、ある社会階級への帰属の感情を反映していたのだ。七〇年代に属するメフディ・シャレフの映画『ハーレムのお茶』のなかにこの次元を見出すことができる。それはまた、このところ誰も参照する者のない七七年世代の運動のなかに、部分的には表明され得た。だがこのヨーロッパ規模の運動は、革命的なイデオロギー的言説の回復不可能な没落を刻印し、社会的諸運動の自律性《オトノミー》に属する所大であった。この世代はまたパンク・ロックを、失業と核爆発を前にした若者の一切の不安を結び付ける音楽を生み出しもした。彼らは言っていた、『未来なし』と。すでにして。この運動は暴力を唆かすものであったと我らが検閲官殿は反論するだろう。ブールを非暴力の使徒に仕立て上げようとする連中がこう言うのはもっともなことだ。」

このような闘いの蓄積は八一年の社会党の勝利をも深部において規定していたに違いない。そして社党政権下の経済危機を背景に跳梁しはじめた極右人種主義者の白色テロル、官憲の「職権濫用」という名の政治暗殺に対する闘いにおいてブールは新たな戦術を採用することになるのである。八二年には一〇人のアラブ人が白色テロルに斃れた。八三年にはさらに一七人の死者と無数の負傷者が……。この情勢のなかでMRAP（林瑞枝『フランスの異邦人』中公文庫参照）をはじめとする既成の反人種主義運動体は余りに無力だった。この年一〇月一五日マルセイユを出発した数十人の若者は一二月三日パリに数万の隊列となって到達するまで四三の都市を訪れ、各地で平等と反人種主義の闘いを訴えた。この点について、『イン・メディア』誌の記述は次のように続いている。

「ブールという言葉は八〇年代の初頭にはこの生活共同体を象徴し続けていた。彼らは自由ラジオ運動、女性運動等に積極的に参加する。八三年には『平等のための行進』によって市民的諸権利を求める運動の主導権を握るだろう。（……）だがブールは共同体への撤退という世界的傾向と、歪曲された公的イメージという二重の反撃を蒙ることになる」

第一に、移民集住地区の文化的・民族的多様性を基盤としていたブールの運動を単なるアラブ民族主義に還元すること、第二に、その階級的位置に由来する彼らの独自の要求を「より一般的な賭金」を開示したものとして位置付け、同化すること――この二重の操作が社会党政権の肝入りで八四年の秋以降に顕在化してくることになる。日本でも多少紹介されてきた「SOSラシスム」運動はこの線上に生まれてくるのである。

「『SOSラシスム』のような組織は自分たちが初期に用いたメディア上の『アイデア』がブールの諸々の参照系から失敬したものであることが思い出されないよう十分配慮することだろう（例え

ば例のバッジはファーティマの手からインスピレーションを得ているし、その名称自体、八三年の第一回の『平等のための行進』をクリスチアン・ドロルムと共に提唱した協会の一つである『SOSマンゲットの将来』を一瞥して決めたものだ。無名の状態から脱け出すためにアルレム・デジール(『SOSラシスム』の代表)は、『SOSマンゲットの将来』の議長で『リベラシオン』の『今年の人物』に選ばれたトゥーミ・ジャイジャと一緒に写真を撮らせたりした)」

言うまでもないことだが、人種主義政党「国民戦線《フロン・ナシオナル》」が共産党と同党の得票率(一〇〜一五%)を持つこの国で、『SOSラシスム』のような運動が果している役割を全否定などできるものではない。とはいえこの運動について最小限言えることは、それは西欧—フランス的民主主義なるものの自発的発現などではないということだ。フランス社会の「最低辺」から最も深い必然性を体現して登場したブールの運動を、拍手で迎え、中和し、既成の制度のなかに流し込むことなしにはコンコルド広場三〇万の反人種主義コンサートも可能ではなかったという事実のうちに、今日のこの社会の本質を垣間見ることができるのではないか? すでにF・ガタリも示唆していたように(『東京劇場』UPU出版参照)、この再領土化のプロセスで一部のシオニストが担った役割は決定的だった。ユダヤ人学生同盟はブールの運動体に対し、「反人種主義の名のもとに」イスラエルに対する批判を控えるよう要求した。この団体が『SOSラシスム』のヘゲモニーを掌握するに及んで、多くのアラブ系移民運動は召還を余儀なくされるのである。言いかえれば、ブール運動はその自律性を防衛するためには孤立を恐れなかったということでもある。『イン・メディア』の論説はここに一二月の学生運動との決定的な相違を見いだしている。

「学生運動は自らの自律性に固執する。ブール運動もそうだ。だが学生とは反対にブールの調整者たちは一度たりとも外部団体の幹部が政治的決定に参加するのを認めたことはなかった。何故なら彼らの提案はいつも変わることなく、象徴的行為と左翼諸政党との統一戦線のための妥協という同じ内容でしかないからだ。」

以上のような事実に照らしてみる時、一般に左翼的とみなされているメディアが、「フランスは変化した。高校生のデモ、それはブールの終焉であった」(『アクチュエル』)、「マリク〔・ウスキン〕はおそらく、ブールを国民的共同体のただなかへ突き落としたのだ」(『リベラシオン』)等と述べることによって意図しているものは明らかだろう。それはブール運動に独自の要求、位相、階級的性格を体よく否認することにほかならない。

このような状況のなかで、シラク政権は一度はペンディングした国籍法改革法案を再度ちらつかせ始めている。明年の大統領選を控え政局は混沌とはしているが基本的な構図が変化したわけではない。高校生・大学生は情勢のキャスティングボートを握ってはいるものの、自らの立場を自由に決定できる体勢にはなく一定の分散を強いられている。ブールと「SOSジェネレーション」、この二つの若者のグループは、今後も多くの出会いを重ねるだろう。最大時には百万に達した学生運動の一年前、八五年一二月、筆者は「SOSラシスム」の数万規模のデモのなかにいた。ミュージシャンを乗せた幌の回りを踊りながら行進する同世代のフランス人たちとは対照的に、自ら「移民の娘たち」と名乗る少女の一団の表情は硬かった。彼女たちのプラカードは、その二ヶ月前のイスラエルによるチュニスのPLO司令部爆撃を弾劾し、それに何の対応も示さなかった「SOSラシスム」の指導部を激しく批判していた。この二つのグループの対照性と共存は、現在もなお、現代フランス社会の基軸の一つであるはずだ。

独裁時代のスペインと現代日本
——政治犯の処刑から見えて来るもの

「サルバドールの朝」『銀幕のなかの死刑』京都にんじんの会編　インパクト出版会　2013年7月

今日は朝から、大変重い映画を観た後でお話をすることになりました[1]、この部屋がこれだけ外も内も明るいということが、何か不思議な気がする時間になっています。今ご紹介いただいたように、私も死刑についていくつか文章を書いたことがありますが、それは昨日の映画（「死刑弁護人」東海テレビ、二〇一二年）の主人公でもありトークにも来られた、安田好弘弁護士とのご縁によるところが大きいのです。ちょうど二〇年前の一九九二年、日本が死刑廃止に一番近づいた時期ですが、その時、フランスで一九八〇年代に死刑を廃止した際の法務大臣であり、それに先立つ七〇年代後半にいくつもの死刑裁判を引き受けた弁護士でもあった、ロベール・バダンテールという人をぜひ招請したいという話が持ち上がり、安田弁護士と私とでフランスに行ったことがあります。バダンテール氏のオフィスに行き、趣旨を説明して引き受けていただきました。私はその後、何日か残って、資料調べなどをしました。ところが、安田弁護士はなんと日帰りだったのです。パリ日帰り（笑）。一晩も泊まらず、その日の飛行機に乗って帰られました。二〇年前ですからもちろんお若かったのですが、それにしてもすさまじいスケジュールで働かれていて、私もまだ若いときにそういう人の話を聞き、実際その姿を目にしてしまうと、なかなか自分が忙しいなどと言えなくなってしまうのですね。この経験は、その後の私の人生にかなり「悪い」影響を与えたと思っています。この異例の旅の二〇年後にこのような企画が持たれ、安田さんのその間の闘いが映画になり、その翌日に私が呼んでいただいたことにも、何かご縁があるように感じています。

政治闘争と死刑

それでは本題に入ります。「政治闘争と死刑」というテーマを扱った作品、時代背景として政治的な文脈を持ち、その中で起きた事件が活動家の死刑につながってしまうというテーマを持つ作品は、今回上映された作品のなかでは、この『サルバドールの朝』一作ということになるでしょう。主人公のサルバドールは、私より少し年長だろうと思います。私は一九七三年大学入学ですから、フランコ政権末期の時代にあたります。ヴェトナム戦争がまだ続いていた時期に数年間学生時代が重なっていて、その意味で、サルバドールという人物の造形に、多くの点で私自身の経験を重ねてみることができます。この映画の冒頭では、当時の世界の様々な映像が映されます。第二次世界戦争から六〇年代のヴェトナム戦争、PLOのアラファト議長の姿も現われます。その中でもちろんフランコ将軍の姿が、ひとつの時代の背景として描かれる。そして映画の最後には、これは二〇〇六年の映画なのですが、その後の時代の推移が示される。同じアラファト議長がパレスチナ自治区に入ったときの映像、それからビン・ラディンも出てきます。このようにして、「それから」の時代を想起させる工夫がなされている。一九七〇年代前半から二〇〇〇年代前半までの三〇年間という一つの大きな枠の中に、この映画の主要な物語が位置づけられていることの意味は、充分な時間があれば、細かく見ていく必要があるだろうと思います。なかでも非常に大事な細部として、最後に、「サルバドールの家族は、今も再審を求めて闘っている」という文字が出ます。スペインの独裁政権はフランコの死のあと終わりを告げ、今は「民主主義国」になっていますが、それでもなお、三〇年代の内戦からほぼ四〇年にわたって続いた独裁期の、韓国の言い方にならえば「過去清算」の問題が、なお途上にあるということです。サルバドールのような形で闘って死刑に処された人の名誉回復はまだなされていない。政治的な体制が変わることがそのまま、過去の見直しが進むことを意味するわけではない。これは同じ時期に独裁政権に支配されていた韓国の状況を見てもよくわかることだし、ある意味で日本の戦後史全体にも言えることでしょう。スペインも同じような問題を抱えているということですね。

それでは日本という国は、この映画で描かれている、一つは政治体制、もう一つは死刑という問題に関して、いま一体どんな地点にいるのでしょうか。どこから私たちは、この映画を観ることができるのか。この間死刑をテーマにした作品が公開されるたびに、私はいろいろなことを考えます。今日のような作品を作ろうと思えば巨額の資金がかかります。巨額な資金がかかればその回収を考えなければなりません。ということは、スペインならスペイン、ヨーロッパという枠ならヨーロッパで、世界的な映画祭の審査員も含めて、どんな観客を主要に想定するかを考慮に入れざるをえないということです。この作品も、そうした要因に規定されている部分があると思います。日本で死刑に関する映画をつくるとなると、日本の世論との関係を、作家としてはどうしても考慮せざるを得ない。そこから出てくる作品は、必然的に、死刑がすでに廃止されているヨーロッパで、二〇〇〇年代に作られた作品とは別の性格を帯びざるを得ない。死刑の問題については、アメリカについても同じことが言えます。死刑という問題のどの点に力点をおいて描くべきか、世論の動向をどのように分析し、どんなアクセントの置き方をすれば世論を動かすことができるか等々といった点でも、監督や制作チーム全体の思想や力量が問われます。例えば『ダンサー・イン・ザ・ダーク』[2]、あるいは『デッドマン・ウォーキング』[3]などを見ると、こうした点で考えさせられることが多々あります。これと同様に、私たちとしては、現在の日本で『サルバドールの朝』という作品、非常に明確な政治的コンテクストを背負った死刑映画を観ることとの意味は一体どこにあるのかということを、問う必要があるのではないでしょうか。

この作品の最初の部分では、当時の武装闘争に参加する若者たちを、主人公を含め、かなり戯画的に描いています。スペインの七〇年代初頭の若者たちも、フランスの六八年五月の若者たちと同じような若者だった。同じような音楽を聴き、同じような文化的環境に置かれ、同じように第三世界の武装闘争に共感を抱き、自らの国でも武装闘争による革命を目指した。しかし、映画が進むにつれて、少なくともサルバドールという主人公だけは、家族の背景、そしてなぜ彼が、決定的な局面で闘いを続けることを選んだのかというその理由が、非常に微妙な形で掘り下げられていきます。そのうちに、世界同時的な時代の風俗の中の過激派学生というイメージを破壊するような、彼の人格が徐々に現われてくる。このような映画自身の視線の変化に、私は特に強い印象を受けました。日本でも六〇年代終わりから七〇年代にかけて、学生運動家、あるいは社会運動家から、ある時期武装闘争の道を選んだ若者たちがいました。フランスにもいましたし、アメリカにもいましたが、それが深刻な形を取ったのは、当時の西ドイツとイタリアだったとされています。その理由は、日本も含めたこの三つの国が、第二次世界戦争におけるファシズム枢軸国だったという過去と関係があると言われてきました。「戦後」とされる時代に、これらの国では戦前からの連続性がなお強く感じられた。ムッソリーニを最終的に民衆の力で葬り去ったイタリアでさえ、ファシズム期との多くの連続性があり、ドイツの場合は西ドイツという形で成立した国のなかで、脱ナチ化、非ナチ化の作業が決して完全には行われず、いたるところにファシズム時代の国家犯罪に責任のある人物が、有力者として生き延びてきたということが、例えば「西ドイツ赤軍」の、いわゆる「バーダー・マインホフ・グループ」の活動の一つの根拠になったのでした。日本でも東アジア反日武装戦線の活動の根拠の一つはそこにありました。そこから、私たちが『サルバドールの朝』を観るときに、このような枢軸国三国との関係で、七〇年代前半のスペインがどう位置づけられるのかという問題が出てくると思います。

サルバドールのお父さんは憔悴した姿で登場するので相当年配に見えますが、当時サルバドールが二〇代前半だとすると、お父さんもまだ六〇歳前だと考えるべきでしょう。ということは、青年時代が内戦期だったスペイン人の世代にあたることになります。お父さん自身がその時代、銃殺される寸前の経験をした人であるということは、映画の最後になってようやくわかる。日本でも、六〇~七〇年代までは、戦争を知っている大人たちと戦争を知らない子どもたち、そこに非常に強い境界線が引かれていたわけですけれど、実際には、当時の社会は、二〇世紀前半の全体主義とファシズムの時代の様々な影響をまだ強く受けていました。それが体制としても維持されていた、一九七五年まで維持されていたのがスペインだったのです。これは非常に重要なことで、今日の映画を考える上で大事なポイントになろうかと思います。

この映画はいずれにしても七〇年代にはとてもつくれなかったでしょう。バルセロナが主な舞台になっていますが、バルセロナはカタルーニャ州の州都であり、分離独立運動が文化的、政治的に非常に強いところです。そして内戦期には、このバルセロナは一時、世界史的にも稀なことですが、無政府主義者が臨時政府のメンバーに入っていた、そのような評議会が形成されていた町ですね。ジョージ・オーウェルの『カタロニア賛歌』という有名な本がありますが。この映画は最初からずっと、サルバドールがスペイン人であるよりもカタルーニャ人であること、彼の母語がカタルーニャ語であることを非常に強調しています。スペイン語で話しているところにはカタルーニャ語の字幕がつく。それは何を意味するかといえば、現在のバルセロナであの映画を観た場合、カタルーニャ語の字幕を必要とする人がいるということですね。現在のスペインにおける地域的な多文化主義が、ここまでこういう形で出てきている。

最後の展開もわかりにくかったかもしれません。なぜ彼が死刑になってしまったか。もしかすると恩赦が出るかもしれない。フランコも高齢であり、もうすぐ彼の治世が終わるだろうという期待の中で、反独裁闘争の活動家の血をこれ以上流すなという声は世界中に満ち満ちていました。にもかかわらず最後になって、サルバドールがいわば見せしめ的に処刑されることになってしまったのはなぜか。自動車の爆破事件が起き、当時の首相であるブランコが殺される。ややこしいですが、フランコ将軍ではなく、ブランコ首相が暗殺されるのです。これはバスクの独立運動であるETA（バスク祖国と自由）の作戦行動だった。バスクはスペインの北東部の、やはり分離独立運動が激しく展開されてきた州です。カタルーニャ人からすれば、バスク人の武装闘争の余波を受けてサルバドールが死刑になるということが、どれだけとんでもないことに思われたか。これもさらっと描かれてしまうとよくわからないポイントの一つかと思います。スペインという国がそもそも地域的な多様性が非常に大きく、とりわけカタルーニャやバスクでは、固有言語の使用自体が禁止されていたフランコ時代は分離独立闘争も熾烈でした。

まとめますと、一九三四年に選挙で成立した共和国政府が、フランコ将軍によるクーデターに端を発する内戦によって打倒され、ドイツ、イタリアのファシストに支援された軍部・王党派によって共和派が徹底的に弾圧されていきます。そのため非常に深い沈黙が、七〇年代のあの時代に至るまで、この国を支配していました。刑務所の中でサルバドール自身が口を開くまで、内戦時代のことを誰も口にしないというこの映画の流れは、この沈黙の重さそれ自体を、語られないという形で描いていたのだと思います。そのことが非常に印象的でした。スペインの日常生活の中ではあまりに苦しい記憶であるために、人々は口を開くことができなかった。一般に一九六〇年代の若者の反乱は、戦前に自己形成した親の世代との文化的ギャップから説明されることが多いように思います。二〇〇〇年代に製作されたこの映画では、一見その図式を踏襲しているようにみえながら、内戦時代に活動家であり、非常に深いトラウマを受けた父の息子であるサルバドールが、七〇年代初頭、あそこまでの闘争を、ためらいつつ、しかし実行していったという、ある連続性を垣間見せようとしているように思えます。

スペインは大変な国で、フランコ時代にはスペインの過去を研究すること自体が事実上できませんでした。少し飛躍しますけれども、スペインは、一五世紀末までムスリムが相当の地域を支配していた国でした。トレドのようなかつての首都は、イスラーム政権の首都でもありました。二〇〇〇年代の初めくらいになると、民主化のなかで過去数世紀の記憶の掘り起こしも進んできます。例えばアンダルースのような地域では、名前から自分の先祖が強制的に改宗させられたムスリムであるということがわかってくる場合もある。そうすると、なかには再改宗する人も出てくるのです。ムスリムというアイデンティティを取り戻そうとする動きです。いくつもの歴史の層で記憶が断ち切られ、しかしその記憶がどこかで生き続けてもいる国。そのような国ですから、直近の二〇世紀の記憶をどういう形で掘り起こし、定着させていくかということが、非常に真剣に問われています。ひとつの文化的事業として、文化的営為として、非常に重視されています。まだまだたくさんのことが語られずにいるということが、社会的にとても強く感じられています。この映画の構造からも、そうした社会のあり方が透視されてくるように思えます。

死刑という政治――日本と海外

そろそろ死刑の問題に入っていかなければなりません。死刑という刑罰を考える場合、いわゆる政治的犯罪と一般的犯罪の区別が伝統的にありました。いくつかのヨーロッパの国は非常に早く死刑を廃止していますが、政治的な犯罪についてては例外を設けています。内乱罪のようなものについては例外を設けるということがかなり長く続いていました。一八六七年ですから、京都がまだこの国の首都だった最後の時代に、すでにポルトガルでは、政治的な犯罪をのぞいて死刑が廃止されていました。私たちが日本で死刑が廃止できない理由を考える場合、大変難しいことですが、日本ではこの区別がほとんど理解されていないことがそのひとつに数えられるのではないかと思います。スペインはもちろん典型的な例ですが、さらにはっきりしているのはドイツの場合です。西ドイツは戦後のかなり早い時期に死刑を廃止しています。それは一二年間のナチス支配のもとで、死刑があまりにも濫用されたことを身にしみて体験したからです。ファシズムに抵抗して捕らえられ、裁かれ、死刑を宣告され、処刑されていった人々が、実は正しい人々だったという表象が社会的に成立するということは、死刑という法的機構そのものに対する強い疑念を呼び起こします。これは残しておいてはいけないのではないかという考えに、多くの人が導かれることになった。

他方、私たちの記憶のなかで、天皇制ファシズムのもとで、日本人で、政治的犯罪のために死刑になった人の事例がすぐに頭に浮かぶでしょうか。ゾルゲ事件の尾崎秀実以外、死刑という形で殺された人はいないはずです。当時の国家権力の基本方針は、政治犯を殺害することよりも、転向させることでした。この転向という現象が、むしろ戦後の思想的課題として出てくることになります。死刑についていえば、こうした事情のために、かつての独裁国家で、第二次世界戦争後死刑が廃止されていった歴史的プロセスの手がかりになるような何かが、日本にはなかった。あるいは、一九一一年の大逆事件まで遡って、そのような手がかりを捕まえきれなかったと言った方がいいかもしれません。このことは、六〇年代後半から七〇年代にかけての政治闘争に参加したために死刑を宣告されるにいたった少数の人々に対して、私たちが特別の注目をするべきもう一つの理由になるでしょう。

サルバドールの描き方は、先ほども言ったように、前半と後半ではかなり変わっていると思います。最後の処刑の場面があるので、何度も観たいという気になれない映画かもしれませんが、もう一度観直せば非常にはっきりわかると思います。このような歴史的背景を持つ若者が、このような闘いに参加して、このような形で死刑を宣告され、処刑されるようなことは、決して、二度とあってはならないことである。これは現在のスペインで、ヨーロッパでこの映画を観るすべての人々にとっては、あえて言うまでもない、当然了解されるはずのメッセージです。それではこの同じメッセージを、今日の日本で、例えばテレビで言えるかどうか。現在（二〇一三年）の大阪市の市長がどのように有名になっていったか、私たちは繰り返し想起しなければなりません。いわゆる光市事件の裁判について、被告の弁護人である安田弁護士たちをテレビで公然と非難することによって、橋下徹氏は知名度を得たのです。ということは、どういうことでしょうか。『サルバドールの朝』に描かれた時代は、ここ日本では、決定的な過去になっていないということではないでしょうか。現在の大阪市長のような人物が、本当に国の権力を握るようなことになったら、死刑という刑罰は、いったいどのように運用されることになるのでしょうか。これは今から真剣に考えておかなければならないことでしょう。

イタリアでも、ドイツでも、『サルバドールの朝』に相当する時代は、少なくとも死刑という刑罰に関する限り過去のものです。スペインと同じ時期に独裁時代を経験した韓国や台湾では、植民地時代すでに日本によって独立運動弾圧のために死刑が濫用され、戦後も独裁体制によって、何人もの政治犯が死刑宣告を受け処刑されていきました。昨年（二〇一二年）立命館大学を退職された徐勝さんは、在日朝鮮人祖国留学生に対する弾圧事件の被告として死刑を宣告された方です。私の学生時代、京都の町中の電信柱には、「徐兄弟救援」のポスターが貼られていました。それはまさに『サルバドールの朝』と同じ時代のことでした。そして、韓国でも台湾でも、その時代を人々が知っているということが、現在なお死刑が完全に廃止されてはいないとしても、執行はしない、あるいはきわめて抑制的であるという状態を作り出すひとつの歴史的要因になっています。要するにスペインとある意味類似した経験を経てきた結果、いわゆる準廃止国の段階まで進んできたということなのです。

それでは、第二次世界戦争のいわゆる戦勝国のほうでは、戦後死刑はどうなったのでしょうか。アメリカでは、アナキストのイタリア系移民サッコとヴァンゼッティが冤罪で死刑になった一九二〇年代の事件が戦後も引き続き問題にされ、また冷戦初期のローゼンバーグ夫妻などスパイ容疑で死刑になったケースもあって、七〇年代の始めくらいには、かなり廃止の方向に向かっていました。やはり冷戦期に死刑が濫用され、政治的犯罪で殺された人がいた。このことが、六〇年代から七〇年代、かなり世論を動かしたと思います。それから黒人解放運動ですね。公民権運動左派という言い方が適切なのかどうかわかりませんが、武装した黒人解放運動の中で何人かが死刑を宣告され、世界的な救援運動によって阻止されることもありました。イギリスは、死刑執行後、真犯人が現われたエヴァンス事件をきっかけに死刑廃止に向かいます。フランスの場合は八一年に大統領になったミッテランが、公約の一つに死刑廃止を掲げていて、当選後、バダンテールを法務大臣に指名して死刑廃止を実現します。イギリスと比較すると、フランスの場合、かなり原理的な議論を積み重ねて廃止に向かったと言えるでしょう。先ほど安田さんとフランスに行った話をしましたが、安田さんはフランスで一晩も泊まらなかったのですがご飯は食べました。チュニジア・レストランでクスクスを食べたのですが、同じテーブルの人から話しかけられ、死刑廃止運動のため来たと言ったところ、その場で死刑問題について大きな議論がワーッと始まってしまったのです。初対面の外国人と死刑の問題について議論するなどということは、日本ではちょっと考えられないことですね。この数時間のフランス滞在で、安田弁護士にとって一番印象的だったのはそのことだったと思います。

実はフランスの場合、一八世紀の啓蒙思想の時代にすでに死刑廃止思想が存在していました。恐怖政治の立役者であるロベスピエールも弁護士時代は死刑廃止派でした。しかし、フランス革命の後、反革命勢力が亡命したり、国内でも力を残しているなかで、一回死刑を廃止しながらも、「平和が確立されるまで死刑の廃止は延期する」という宣言がなされます。議論のレベルではかなり早く廃止に向かいながら、実現までに約二世紀の時間がかかったことになります。

こうした構図のなかに日本を置くと何が見えてくるでしょうか。第二次世界戦争では枢軸国の一つであり、戦後は別の憲法の下に出発したはずのこの国で、なぜ死刑が存置されてきたのでしょうか。そこにはどんな歴史的理由が考えられるでしょうか。死刑という刑罰が、その刑罰自体が実は深い意味で、政治的な性格を持っている。別の言い方をすれば、死刑囚という存在は、犯した犯罪の動機が何であれ、ある意味で「政治犯」[4]であるという側面があるのですね。今回の執行の後、今の野田という首相の言葉を彼の思想としてどれくらい受け取っていいのか、本当によくわからない人物ですが、彼は、死刑制度は法体系の根幹に触れるものだという言い方をしていました。首相がこういう言い方をするということは、私はあまり記憶にありません。十数年前のことですが、ヨーロッパ評議会から死刑の廃止を求めて代表団が来たとき、首相ではなく、当時の森山眞弓法務大臣が応接した場面に私は立ち会ったことがあります。森山法務大臣はそのとき、ある意味文化主義的な言説を使っていました。これまたすごい発言で、私は最初耳を疑いましたが、「日本では重大な誤りを犯した場合、死んでお詫びをするという文化がある」、したがって、「死刑は日本の文化にとってなくてはならないものだ」と言ったのです。こういう発言を、対外的なメッセージとして行っていた。それに対して、今度の野田首相の発言は、ある意味で法哲学的な死刑肯定論と言えるでしょう。

　理論的に考えていくと死刑肯定論はカントの『道徳の形而上学』の「法論」に出てくる議論に行き着きます。ここでカントが言っていることをまとめるとすれば、要するに死刑があるということが法体系の全体を支えるのだということ、つまり死刑がなければ、法体系はその本質を失ってしまうということです。一九九二年、三年間死刑執行がなかった時期の後、執行が再開されたときに、当時の存置派のある法学者が、やはりカントを引用していたのを思い出します。カントが言っていることを別の形で言い換えれば、死刑囚はみな「政治犯」であるとも言える。なぜなら、死刑が下されるような犯罪は、あれこれの法ではなく、法そのものに対する挑戦とみなされうるからです。さらにこれを言い換えれば、死刑という制度に政治的な本質があるということが語れないことが、死刑廃止運動にとってかなり大きな桎梏になることがある。独裁期を経験した国、多くの死刑執行が政治的に行われたことが、否定しようのない事実として民衆の記憶の中にある国では、こんなことはわざわざ言う必要がありません。この回路が、日本では持てていない。死刑になる人というのは、自分であれば決してするはずのないようなことをしたために極刑の対象となったのだという感覚が抜き難くある。しかも日本では、死刑が確定した後、執行はただちに行われるわけではなく、しかも徹底した秘密主義でなされています。そのこともあって、死刑が完全に他人事になってしまっている現状がある。死刑を、自分も科される可能性のある刑罰としてどれくらい想像できるか。これが非常に大事なことであって、『サルバドールの朝』のような作品を日本で観ることとの意義は、他国の、他の時代のコンテクストを移植してきてでも、その回路を私たちがつかみ取るということにあるのではないでしょうか。そのことがあってはじめて、大道寺将司さん、益永利明さんのように、サルバドールと同じ時代に、日本の戦争責任の未決性を正面から問うためにいくつかの行動を選び、その結果死刑囚としての生を強いられている人々と、私たちを結ぶ回路も見出されるのではないかと思います。

死刑執行を行うことと原発を再稼働すること

次にもうひとつの論点として、原発の問題との関連に触れさせていただきます。死刑執行と原発の再稼働。法務省と経産省ですが、この国の官僚にとって、今死刑執行を行うことと、今原発を再稼動することは、ある意味で同じことなのではないかという気がします。死刑制度は存在する。執行は、多くの人々に死刑が他人事だと思われるくらいの頻度で、できるだけ知られないように行う必要がある。しかし、制度がある以上維持するために執行はしなければいけないという論理がどこかに働いている。日本の官僚の考え方の中に、現在のヨーロッパ諸国はとりあえずそこからはすでに抜け出てしまったような古いタイプの国家観、つまりカントに遡るような国家観、法制度全体の支点にあたるのが死刑制度であるという国家観があって、この考え方を何らかのかたちで内面化している人々にとっては、執行は少なくてもいいがゼロになってはならないという観念が根強くあるように思えます。アメリカと中国という、国連人権委員会から見れば死刑の問題でもっと目立っている二つの国の間にあって、なるべく目立たないようにしながら、制度だけはしっかり維持したい。原発についても、夏の電力事情などさまざまなことが言われています。原発を動かさないと日本はますます産業が空洞化するとか、この一年間、私たちが聞かされてきた様々な理屈がありますけれども、やはり原発を維持しようとする大きな理由の一つは、皆さんもご承知のように、核開発の技術を維持することであり、そして、稼動させ続けることが将来核兵器を保有する一つの条件を担保することになるということです。こうしてみると、死刑を存置すること、核兵器の保有の可能性を担保することは、いずれも国家主権というものについてのある考え方を現しているわけで、その意味で、原発の再稼動問題と、先日行われた三名の死刑囚に対する死刑執行という出来事が、何か底の方で繋がっていることが垣間見えてきます。こういう物事の進め方自体が、こういう言い方は私は好きではありませんが、非常に「日本的」ですね。ごまかして、目に付かないようにして、なるべく話題にならないようにして、しかし、明治以来の官僚組織の、歴史的連続性を持ったある意識において、主権の論理に即して維持すべきものは維持すると。「がんばろう、日本」という言葉も、実はそういうことを意味しているのではないでしょうか。今までも大変なことはたくさんあった、震災前の日本は豊かな国だった、今までと同じようにがんばれば、また復興できるという、そういうメッセージであって、つまり裏の意味は、「変わらなくていい」ということなのですね。これと同じ心性に依拠する形で、死刑も存置され、執行がなされているし、原発も今、再稼動されようとしている。この国の歴史的文化的条件というものは否定し難くあって、私たち自身、まだそこから外に出ることができていない。これはこの国の業の深さと言うほかないものであって、死刑の問題を考えるときも、原発の問題を考えるときも、この問いにぶつからざるをえないのです。

「残虐性が少ない」という陥穽

最後にもう一回映画に戻って、最後の処刑の場面、大変残酷な場面のことを考えたいと思います。映画作家としては、過去のことではあるけれども、死刑執行がどのようになされたかということを、その残酷さのままに、はっきり描きたいという意図があったことはまちがいないでしょう。私はジャン・ジュネというフランスの作家の研究をしていますが、ジュネが最初に獄中で書いた作品は「死刑囚」という詩でした。彼の友人であったモーリス・ピロルジュに捧げられていますが、彼は死刑囚であり、処刑された人物です。また、彼の最初の二つの小説である『花のノートルダム』と『薔薇の奇蹟』は、いずれも死刑小説と言っていい内容を持っています。そして当時のフランスには、死刑執行官という職業の人がいたのです。そしてその人たちの存在は、決して秘密ではありませんでした。氏名も知られていました。もちろん、毎日仕事があるわけではありません。しかし、国家公務員であり、そして毎日執行に備えて準備をしていた。民衆の想像力のなかに、かなり異様な人物として、この死刑執行官という存在の場所があったのです。ジャン・ジュネのような特異な感性を持った人にとっては、死刑囚と同時に死刑執行官も、ある種の孤独なアウラに包まれた存在と考えられ、彼の作品中に特権的な位置を占めていま す。

『サルバドールの朝』で死刑執行官は重要な登場人物の一人ですが、最後のほうに飄然と現われて、最初登場したときには、この人一体誰だろうという感じです。その人物が、最後は自らの手で螺子《ねじ》を締め上げるようにサルバドールを窒息死させる。これは確信的に引き受けられた仕事であって、ヨーロッパの死刑制度はずっと、合法的に人を殺すことが職業であるような存在を要請してきました。

もうひとつ、執行前夜に家族がやって来て、死刑囚とひと時を過ごす場面が描かれています。考えてみると、このような可能性は現在の日本にはありません。ある日突然、早朝に呼び出されて執行されてしまう。法務省の説明によれば死刑囚の精神の安定のためということですが、二つの制度の違いを皆さんはどうお考えでしょうか。最後のひと時を家族とともに過ごすというあの場面は、非常に悲しく、つらい場面ではありますが、日本でこの映画を観る私たちには、こんな経験さえこの国ではまだ許されていないということを突きつけてくるのではないでしょうか。日本は、ある意味で、フランコ時代のスペインより「遅れて」いま す。つくづく、「淋しい」国に生きていると感じざるをえません。

先ほど司会の中村一成さんが触れられていたように、あの死刑執行の方法、「ガローテ」は、スペインの植民地で反乱者に対して用いられたものです。しかし、植民地化の初期には火刑だったと思います。スペインの最初期の植民地、例えばキューバのような所では、抵抗闘争の指導者は火刑によって殺害されました。処刑の技術にも歴史があり、その進歩の基準は、この倒錯性にはいつも目眩を覚えざるを得ませんが、要するに、できるだけ残虐性を減らす、死刑囚の苦痛を減少させる、短縮するということでした。私たちが眼を背けたくなるような「ガローテ」による処刑も、この歴史のなかに場を占めています。死刑が残酷な刑罰であるかどうかも、廃止派と存置派では意見が分かれます。この映画は、死刑執行官が死刑囚の首を締め上げ、窒息させ、骨を折って殺すことの残酷さを描いています。日本の場合、同じ絞首刑でも別の方法、縄による処刑です。この方法そのものの残酷性も、死刑廃止運動のなかではつねに強調されてきました。

しかし、この議論には落とし穴があるのではないでしょうか。ここでも、原発の問題とのアナロジーが有効です。現在、原発推進派の中で、一体何が議論されているか想像してみましょう。福島の事故の教訓を生かして、より安全な原発を作ろうという議論をしているはずです。死刑について、今の絞首刑が残酷な刑罰であるということは指摘しなければならない。しかし、私たちはより「安全な」原発を求めているのではないのと同じように、より「残虐性の少ない」死刑を求めているわけでもありません。フランスのギロチンも同じです。それより前の方法に比べれば、より残酷ではない、より「文明的」な処刑方法として考案されたものです。アメリカでは、ガス室、電気椅子、薬物注射など、この点では州によっても異なる様々な方法が考案されてきました。

死刑に対する批判のなかで、残虐性に過度に重点を置いてしまうと、日本政府にいくつもの、将来の選択肢を与えることになりかねません。絞首刑をやめて、例えばアメリカに倣って薬物注射にするというような。残虐性に重点を置きすぎると、いつのまにか死刑廃止運動はある種の条件闘争の土俵に引き込まれてしまいます。条件闘争に転化することのない、真に普遍的な、原理的な死刑廃止論は、実はヨーロッパでも、きちんと議論されてきたわけではありません。歴史上死刑廃止運動に非常に影響を与えたイタリアの法学者チェーザレ・ベッカリーアの『犯罪と刑罰』にしても、よく読んでみると例外措置が随分あります。それをそのまま適用するだけで、いくらでも死刑ができるのではないかと思われるくらい穴のある議論です。

先ほども触れたように、二〇世紀ヨーロッパの独裁国家で第二次世界戦争に敗北したところでは、独裁の期間にあまりにも死刑が濫用されたために、その歴史的な条件の上に、戦後早い時期に死刑が廃止されていきました。戦勝国のほうでは、イギリスが典型的なように、この戦争の一定の反省の上に発せられた世界人権宣言の規範、とりわけ万人の生きる権利、生存権に照らして、大きな誤審裁判をきっかけに廃止に向かいます。いずれも歴史的な条件の上に、あるきっかけをつかんで廃止が実現されたことになります。

今死刑が存置されている国、たとえば日本から、あるいは中国から、存置派の目でこの歴史を見るならば、まだまだいくらでも交渉の余地があるように見えるのではないでしょうか。手管を弄する余地はほぼ無限にあると。それはちょうど、原発に関して、防潮堤をこれまでより高くする、従来軽視されてきた部分の技術を改善し、管理を厳格にする等々、これまでいい加減だったその度合いに応じて、部分的改善の余地が広いのと同じ構造です。

日本が地震国であり活動期に入ったということも、ひとつの条件、地質学的、歴史的な条件ですね。もちろんこの点は、反原発運動の根拠として、徹底的に強調されなければなりません。しかしこの根拠が、日本以外の国の反原発運動に及ぼす影響も、想像する必要があるのではないでしょうか。例えば韓国の原発推進派は、日本や台湾は地震があるから止めたほうがいいけれども、韓国は地震がほとんどないから大丈夫だと言うでしょう。当然のことながら、具体的な運動のプロセスではそのつど、例えば今回の再稼動策動のような局面では、今までの安全性評価で無視されてきた活断層がある等、隠蔽されてきた条件を一つ一つ暴露し、〈いま・ここ〉にある危険を除去していく作業が不可欠です。しかし、このような作業と同時に、歴史的・地質学的条件に左右されないような、普遍的な原発廃止論の確立のための努力もまた必要でしょう。それと並行するような形で、普遍的な死刑廃止論の要請がありうるということを想起しておきたいと思います。

この映画の最後についてはまだお話したいことがいろいろあるのですが、一時間経ちましたのでこれで終わりにいたします。ご清聴ありがとうございました。

註

(1)『サルバドールの朝』(マヌエル・ウエルガ監督、二〇〇六年)。二〇一二年四月、京都シネマで一週間行われた「死刑映画週間」のプログラム作品。

(2) ラース・フォン・トリアー監督作品(二〇〇〇年、デンマーク)。ビョーク、カトリーヌ・ドヌーブ等出演。

(3) ティム・ロビンス監督作品(一九九五年、アメリカ合州国)。スーザン・サランドン、ショーン・ペン等出演。

(4) 二〇一二年一月一三日、民主党野田佳彦内閣、小川敏夫法相のもとで一年八ヶ月ぶりに死刑が執行され、上部康明、古沢友幸、松田康敏の三氏が処刑された。

〈心〉をさらす言葉

辺見庸『愛と痛み　死刑をめぐって』解説　河出文庫　2018年8月

　死刑は無益である。それは何の役にも立たない。殺人事件の場合、犯人を殺すことで被害者が生き返ることはない。あらゆる調査が明らかにしてきたように、いわゆる凶悪犯罪に対する抑止効果もない。それどころか、死刑になることを願って人を殺める人さえいる。言い換えれば、死刑があるために殺される人がいるということだ。こうしたことは、論理としては、一八世紀から知られていた。本書にも言及されているチェーザレ・ベッカリーアの『犯罪と刑罰』の初版が出版されたのは一七六四年、トスカーナでは早くも翌年に執行停止、一七八六年に死刑は廃止されている（『愛と痛み　死刑をめぐって』八六頁。以下頁数は同書のもの）。刑罰が法を侵犯した者の矯正を目的とする手段ならば、矯正の対象を抹殺してしまう死刑は刑罰の自己矛盾以外のなにものでもない。当時の幾人かの啓蒙専制君主は、このような功利主義的な廃止論の正しさをひとたび確信するや、自国で死刑を廃止することをためらわなかった。日本で明治政府が成立した頃、ヨーロッパにはポルトガルなど、死刑がすでに事実上廃止されている国があった。

　死刑は有害である。それは取り返しがつかない。とりわけ誤審ののち、無実の命が奪われる場合には。これほど大きな不正の前でおののかない人はいない。裁判官、検察官、警察官で、死刑の正しさをつゆ疑わない立場から廃止論に転じた人は、例外なく、みずから関与した事件で誤って死刑を宣告され、無実の訴えが聞き届けられずに処刑された人がいるのではないかという良心の呵責に苦しめられていた。人間の判断から誤りはなくせない。冤罪による死刑を回避するには死刑そのものを廃止する以外にない。ヨーロッパでもイギリスなどは、深刻な冤罪事件をきっかけに死刑廃止の道を選び取った。

ところが、このような合理的論証も経験的判断も、特定の国の死刑制度を、死刑を支持する世論を、まったく動かせない歴史の局面がある。「命には命」の応報論、メディアによって増幅された被害者遺族の報復感情、そしてその国の文化の、死刑とのある種の根深い結託が死刑廃止運動の前途を阻むのである。内閣府の調査で死刑維持の意見が八割を超えるとされる、日本の現状がまさにそれだ。

そのようなとき、死刑の廃止を切望する人は、従来通り自説を唱え良心の不安を私的に募らせるだけで、残酷な現実をただ傍観していることはできない。死刑が執行されるたびに、ひとつの命が国家の手で奪われるたびに、「時間的な連続性そのもの」である人間の、その「連続性」が切断されるたびに、あたかも世界が瓦解したかのような衝撃が心身を貫く、慣れることがけっしてありえない衝撃が。それを証言しなければならない。公共空間の光のなかで、この現実に責任がある、自分を含むあらゆる者の眼の前に、執行の激震におののく〈心〉を、言葉によってさらさなければならない。本書のもとになった講演で辺見庸がみずからに課したのは、孤独で絶望的なそのような行為である。

そのような〈心〉の行為を、辺見庸はあえて「愛」と呼ぶ。というのも、そのとき彼の〈心〉は、処刑される死刑囚の、孤独な絶望にまっすぐ向かうからだ。英語をはじめ、ヨーロッパ諸語に限られない多くの言葉で、〈心〉と〈心臓〉はひとつの同じ言葉(例えばheart)で表される。彼の〈心〉は、その停止がまもなく冷酷に確認されようとしているひとつの〈心臓〉のまぢかに歩み寄る。死刑囚の〈心〉を覗くのではなく、その〈心臓〉に身を寄せる。そこから感受し、思考し、発問する。「愛」がその名にあたいするのは、「不都合なもの」、「臭いもの」、「裸のもの」、言い換えれば世界から遺棄されたものを愛するときなのではないか。この恐るべき問いの試練におのれをさらす。「私という思考の主体がそのつど痛み傷つく」ことを覚悟のうえで。そしてこの問いの薄闇のなかで、死刑廃止論が避けて通ることのできない幾多の難関《アポリア》、そしてそれゆえの死刑廃止という課題の革命的根源性、さらには死刑を廃止できない日本社会の「世間」と呼ばれるその体質が、かつてなく鮮烈に照射されるのである。

「その問いは薄暗いところにあります。私の言葉でいえば、思考があゆむ前方、のばした手がやっと接触しかけたフロントラインに靄《もや》のかかる暗がりが無辺際にひろがっている。思考の薄暗い前線。できれば、そこに私はいたい。」（一七頁）

「私の痛みから他の痛みに橋を渡し、他の痛みから私の痛みにかえってくるもの。それは主体的な徒労、あらかじめ不可能な結果をはらんだ主体的な無駄ともいえるかもしれません。けれどもその主体的な徒労こそが愛なのではないかと私は思うようになった。架橋した痛みのなかで互いの孤独を承認するということもまた深い愛ではないか。考えるということの最前線はここにあるのではないでしょうか。」（二五頁）

死刑に対する辺見庸の姿勢は徹頭徹尾政治的である。死刑制度を支える「力」の本性を彼が洞察し、死刑反対運動の思想的弱点を剔抉するのは、現状の力関係を変更するためであり、この目的に向けて自分がなすべきことを正確に見きわめるためである。これまで日本の死刑廃止論は、ひとつの政治的立場と見られることを極力回避しようとしてきた。国連人権規約にすでに書き込まれている死刑廃止という課題は、政治的立場を超えた、超党派的な、普遍的ヒューマニズムの要請であることを強調してきた。しかしこの国の法務官僚は、政治家は、そして世論もまた、世界的趨勢であるこの要請を頑なに拒み続けた。この拒絶はひとつの政治的現実であり、具体的な力関係の現れである。そのことを直視せずに、死刑廃止運動に新たな前進はありえない。大きなリスクを冒してでも、このテーマを正しく政治化する方途を探らなければならない。

今日では死刑の廃止をそのアイデンティティとしているヨーロッパ文明の起源には、二人の偉大な死刑囚がいた。ソクラテスとイエスである。死刑をめぐってヨーロッパで続けられてきた、葛藤にみちた長い討論の歴史は、この二人の生と死と思想に、絶大なものを負っている。本書における辺見庸の思考もまた、マザー・テレサの言葉を介して、EUの死刑廃止制度の検討を通じて、この巨大な流れの深層に触れている。しかし、彼にとってもっとも重要な名は、ソクラテスでもイエスでもない。帝政期ローマの奴隷叛乱の指導者、スパルタクスなのだ。この意表をつく選択に、死刑の問いを徹底的に政治化しようとする、辺見庸の強固な意志が端的に現れている。

マザー・テレサとスパルタクス、この二つの名が交差する場所で「愛」を問うこと。情動と戦略がひとつに融合した強靭な思考が、この問いのなかで結晶する。というのも、「スパルタクスはいつだ?」という、密告を唆す権力者の問いに対して剣闘士・奴隷たちが与えた応答は、ソクラテスやイエスの言葉にまさるとも劣らない「愛」の証しだからであり、さらに底辺民衆の階級的大義の表現として、どこまでも政治的だからである(永山則夫から熊谷徳久まで、日本の死刑囚の多くが社会の底辺の出身であることを、辺見庸は本書で繰り返し想起している)。

「すべての奴隷が「私がスパルタクスです」とこたえ、みずからを差しだした。このような個のありようが本質的な愛につながり、世間という世界に類を見ない文化をもつこの国の日常のなかで、死刑を根絶するための礎になっていくのではないでしょうか。だから私はスパルタクスの問いを決して手放したくない。」（一一三頁）

辺見庸は『永遠の不服従のために』（アンソロジー、鉄筆、二〇一六年）に収められた「ストラスブールの出来事」で、二〇〇一年六月にフランスのストラスブールで開催された第一回死刑廃止世界会議について論じている。私はこの会議に通訳として同行していたが、フランスの死刑廃止当時の法務大臣ロベール・バダンテールが、一九九二年に「死刑廃止国際条約の批准を求めるフォーラム90」の招きで来日したときの経験を踏まえ、日本を「死刑を文化のなかに埋め込んでしまった国」と規定していたことを忘れることができない。彼が「死刑の地政学」と呼んだもののなかで、日本はこのように評された唯一の国だったのだ。後年日本で、死刑の廃止、せめて執行の停止を求める欧州評議会の代表団の前で、当時の森山眞弓法務大臣が、「日本には悪事を働いたら死んでお詫びをするという文化がある」と発言して、死刑制度の存置を「固有文化」の名において正当化する場面に立ち会ったこともある。

ストラスブールで、各国のジャーナリストたちがもっとも衝撃を受けたのは、冤罪事件の元死刑囚である免田栄氏が、かつて実の父から、再審請求で「世間」を騒がせることはいい加減に止して、無実でもいいからおとなしく死刑を受け容れろと迫られたという証言だった。父が獄中の息子にかくも理不尽な圧力をかけることを強いたのは、誰も責任を取らない「世間」の圧力であることは言うまでもない。「世間という世界に類を見ない文化」と日本の死刑制度の結託を語ることはけっして誇張ではない。この国で死刑と「世間」は、その残酷性、無責任性において、つねに密通してきたのである。

「死刑と戦争」の章で辺見庸は、このような「世間」に支持された死刑制度を持つ国が、一方では「国権の発動たる戦争」を否定していることの矛盾に触れる。国内では国家の殺人を認めながら、国外でのみそれを禁ずることが、果たしていつまで可能だろうか。「平和」であることをみずから信じて疑わない戦後日本社会の体内に、死刑はあたかも「トロイの木馬」のように温存されてきたのではないか。「第九条を死守することは死刑制度の廃止、死刑執行の即時停止につながるのでなければならない」(一〇七頁)。このように言い切るとき、『増補版1★9★3★7』(河出書房新社、二〇一六年)の著者の耳のなかでは、「朝の廃墟」で彼が報告する、二〇一三年九月一二日朝、東京拘置所で熊谷徳久氏に刑が執行された直後にインターネットで飛び交ったおぞましい言葉たち(一三二―一三三頁)と、一九三七年一二月一三日、南京陥落に際して列島を揺るがした野卑な歓声とが、ぴったり重なっているのである。

二〇一一年三月の複合災害、とりわけ安倍自民党政権の再登場以降、『一九八四年』をはじめとするG・オーウェルの著作を引用することは、この国で言葉の崩壊を論ずる言葉たちの通過儀礼のようなものにさえなった。しかし、辺見庸によるオーウェルの参照は、その深さにおいて比較を絶している。それは彼が、言葉の現在を、死刑の現実との、切迫した関係性において検証しているからにほかならない。

「ここでオーウェルは絞首刑にいたる男の罪には一顧だにしていない。絞首台に立たされようとする男の生きた身体各器官とじぶんのそれらを同等のものと感じ、極刑そのものの不条理と邪悪さに全感覚を集中してゆく。なんということか。死刑囚を「仲間」と言い、「仲間のひとりが消え去ってしまう――心がひとつ減り、世界がひとつ消滅する」と書く。オーウェルの観察と言葉は有効であり続けた。「仲間のひとりが消え去ってしまう――心がひとつ減り、世界がひとつ消滅する」。なんということか。こう言えることと、こう言うことがあざ笑われ、無効とされる世界のあいだには深い虚無の峡谷がある。」（一四三―一四四頁）

徹底的に「秘密主義」を貫く日本の死刑行政の暗闇に、誰も語らない処刑の現場に、縊り殺される身体の「痛み」に、日本語の言葉は、いまこそみずからをさらさなければならない。言葉がふたたび〈心／臓〉とつながり、必要なとき、それをさらすことができるために。それにしても、「朝の廃墟」のラストシーン、ナメクジに変身した作者の眼が幻視する、路上生活者の女性、心臓を病んだ彼の犬、そして熊谷徳久氏の後ろ姿が、これほど美しいのはなぜなのか。

壁の口を塞ぐ力に抗して
——『20世紀の記憶』「1968年」復刊に寄せて

新装版『1968年グラフィティ』序文　毎日新聞社　2010年1月

二〇〇九年一二月半ば、インド共和国ベンガル州の州都コルカタ（カルカッタ）を訪れた私は、カルカッタ大学の校舎の壁に、新しい、いくつものグラフィティを発見した。「毛沢東主義者から毛沢東を救え」「土地を求める農民の闘いが法と秩序の侵犯と呼ばれる」……。現代インドの社会状況とキャンパスの政治力学を、それぞれ具体的に反映しているに違いないこれらの言葉たちのあいだに、飛び抜けて抽象的な、こんな言葉があった。

「現実的であれ、不可能を要求せよ。」Be Realistic, Demand The Impossible.

これは、一九六八年五月、パリの壁に書きつけられた言葉だ。「五月」の出来事は、「壁は語る」と言われたほど、多くの、印象的なグラフィティを生んだ。本書の表紙に掲げられた「想像力が権力を奪う」もそのひとつだ。本書『20世紀の記憶』「1968年」の編者・西井一夫は、「パリ五月革命小考」（同書一八二頁。以下頁数は同書のもの）に、さらに五〇ほどの「壁の言葉」を引用している。

「現実的であれ、不可能を要求せよ」は、これらの言葉のうちでも、後年、もっとも多様な解釈の対象となった。それは、この言葉が発する二重の厳命が、それ自体「不可能」な、いわゆるダブル・バインド的構造をそなえているとみなされたためだろう。

しかし、カルカッタ大学のキャンパスで、突然私は、哲学的、精神分析的などんな解釈よりも前に、この言葉にはある、より直接的な理解の仕方があることに思い至った。独立後半世紀、議会制民主主義の定着、近年の国家規模の経済発展にもかかわらず、民衆生活に改善の兆しが見えないばかりか、新自由主義政策のもと、新興富裕層と貧困層のあいだに天文学的な所得格差が拡大しているこの国で、二一世紀のインド人学生は、校門を出ればただちに直面する「現実」に目を開くだけで、「不可能」を、すなわち数千年の歴史に根ざすこの「現実」の変革を、「要求」せざるをえないのだ。

ひるがえってあの時代、当時のいわゆる「先進国」のキャンパスや街頭でも、二〇〇九年のインドとはまた別の意味で、「現実」と「不可能」は、かならずしも逆説的にではなく、むしろごく自然に惹きつけ合う言葉だったのかもしれない。世界最強の軍隊が東南アジアの小国に敗北しつつあることが明らかになったあの年、「一九六八年」には、それ以前にも以後にも想像できないような仕方で、「現実」と「不可能」は、気脈を通じていたのかもしれない。

この点について、この年中学二年だった私には確かなことは何も証言できない。私にとって「六八年」は、言ってみれば頭上五〇センチのところで起きた大爆発のようなもので、この年の出来事を当事者として生きることなくその影響を全身に浴びた。七〇年安保や沖縄返還協定反対のデモには高校生として参加していたが、その前の時期については、多くのものを読み、多くのことを聞いてきたとはいえ、一歳の違いが決定的な経験の差を生むと言われたあの時代のこと、見てきたようなことは言えない。これらの出来事に対して私は、当事者としての至近距離も、より若い世代のような歴史的距離も持てない。それでもなお、「六八年」は、いつか、その後の時代の社会の状態を評価する際の、座標軸の原点のような位置を占めるようになっていった。

一九八八年、「五月革命」二〇周年の年、私はパリで暮らしていた。フランス革命二〇〇周年を翌年に控え、「五月」の出来事を回顧し、その本質、意義、そしてすでに「後世に遺したもの」をめぐって、人々は盛んに議論を闘わせていた。当時、「五月」の元活動家たちの何人かは、ミッテラン大統領のもとで、政府側のさまざまな役職についていた。メディア界の重鎮に収まった者もいた。かつての同志たちのそんな「変節」を、同性愛者解放戦線の創設者、ギィ・オッカンガムは、エイズのために四一歳で死去する直前、『人民服からロータリークラブに移った者たちへの公開書簡』（一九八六年）を著して徹底的に批判した。同じ頃、「五月」を象徴する「スター」、ダニエル・コーン＝ベンディットは、今は立場がたがいに遠く離れてしまった往年の仲間たちを訪ね歩き、対話を重ねながら「叛乱の季節」の意味を問い返していた（『ぼくたちはあんなに愛していた、革命を』、一九八六年）。論争は、「五月」の肯定派と否定派の間ばかりではなく、肯定派同士の間でも起きていた。「六八」年当時と同様、ときには肯定派の間でこそ、論争はいっそう熾烈だった。

「五月の叛乱」は「戦争を知らない子供たち」の「自分探し」、一過性の心理劇だったのか。それとも、パリ・コンミューンに匹敵する階級闘争だったのか。若者の快楽主義的な個人主義、エゴイズム、ナルシシズムの発露だったのか。それとも、管理社会の到来を鋭敏に察知した青年たちによる、未知の共同性の果敢な模索だったのか。「叛乱」は、いまだ「旧体制」の構造を温存していたフランス社会の権威主義的硬直性を打破したとしても、それはこの国の資本主義体制を、〈モダン〉の段階から〈ポスト・モダン〉の段階に、産業社会から消費社会に転換させる契機の役割を果たしただけだったのではないか。それとも、教育学園闘争を皮切りに、女性解放運動、同性愛者解放運動、エコロジー、移民労働者運動、農民闘争、地域闘争等、あらゆる社会領域に権力関係を発見し、新たな、持続的政治闘争の形態、作風、情動を発明することで、民主主義の古典的枠組みを問い直し、未踏の領域への扉を開いた画期的な出来事だったのか。ミッテラン政権の成立は「五月」の遅まきの勝利なのか。それとも、一八一五年以後の「王政復古」期になぞらえるべき反動期の到来であり、新左翼運動の体制内化、その決定的な変質なのか。

二〇年後、これらの問いはそのまま、二〇〇七年の大統領選に持ち込まれた。ニコラ・

サルコジは、「五月後遺症」の清算を掲げて選挙戦を闘い勝利した。しかし、彼の勝利は、「五月」の清算を意味するどころか、逆にこの出来事の記憶を強く刺激し、歴史的関心の刷新、深化をもたらす結果となった。サルコジにとって「五月」は、善悪、真偽、美醜の区別を抹殺し、個人主義を蔓延させ、人々の心に家族、社会、共和国に対する憎悪を植え付けた忌まわしい事件である。いまやフランスはこの「業病」から解放されるべきだと彼は主張する（日本の保守改憲派の主張とそっくりだ）。それに対し、かつて「職業的六八年派」を自称する哲学者のアラン・バディウは、「五月」清算論を、かつてヴィシー政権がフランス革命の「負の遺産」の清算を唱えたことになぞらえ、国家再建のモデルがいまやドイツからアメリカに変わっただけだと主張する（『サルコジとは誰か？』）……。

それにしても、「六八年」が、このように、いまだ熱く論じられていること自体、驚くべきことではないだろうか？　ソ連・東欧社会主義圏の崩壊と改革開放以降の中国の資本主義的転回、湾岸戦争から〈九・一一〉、反テロ戦争へと続く「第三世界」に対する西洋のバックラッシュ、世界の流れはこの四〇年、「六八年」的なるものを押し潰す方向にひたすら傾斜してきたかに見える。

しかし同時に、あの時代の問いの数々が、その後の世界で何一つ十分な回答を与えられてこなかったこと、反テロ戦争は依然、ヴェトナム戦争を継続・反復する帝国主義戦争であること、だからこそイラク反戦は、世界各地で、ヴェトナム反戦運動の記憶を探りつつ組織されたこと、グローバル資本の圧政に対する異議申し立て運動は、今日では、一方で地域の現実に根ざしつつも、あの時代に初めてその可能性が垣間みられた、国境を超える民衆闘争の水準でも追求されるべきこと、こうしたことは、いまや明白ではないだろうか。二〇〇八年、北海道・洞爺湖で開催された先進国首脳会議（G8）に反対する闘争は、各国の「老・壮・青」の活動家たちの献身的努力によって、かつてない国際的な規模で組織された。

一億総中流の幻想が破れ、中間層が解体し、貧困と生活苦の波がふたたび社会全域を覆うなか、年間三万人を超える人々がみずから命を断っていく国・日本で、「六八年」を想起することは、今、社会的紐帯の再生のため、死活的に重要である。「六八年」の問いを圧殺するために、七〇年代、八〇年代のこの国では、学園でも、職場でも、街頭でも、他の国々以上に、徹底的な清算作業が押し進められた。イラク戦争のさなか、公園のトイレの壁に反戦グラフィティを書いた廉で、青年が有罪判決を受けた事件は記憶に新しい。二度と壁が口を開かないよう、あらゆることがなされたのだ。その間、社会的葛藤は人々の内面に押し込まれ、出口のない「心の内戦」が強いられてきた。かつてバリケードのこちら側にいた人物数名を含む新政権の誕生にもかかわらず、この社会に住むおよそ三分の一の人々は、「あの時代」以後この国を支配し続けている故しれない恐怖のなかで、なお固く口を閉ざしたままだ。

問題は、「六八年」をめぐる言説は、この国でも一方ではいまや分厚く蓄積されていて、しかもそのそれぞれが著者の立場を反映し、過度に一面的、主観的なバイアスを被りがちなことだ。「極私的」――これも「あの時代」が生んだ言葉だ――であることは、「六八年」経験の宿命なのかもしれない。ドイツの歴史家ノルベルト・フライが指摘するように、「六八年」世代に属するかなりの人々に、ある特有の世代的ナルシシズムがみられることは否定できない。現在もフルに現役のこの人々は、彼らにとっての「われらの時代」を語り続けることを止めない（『1968年――反乱のグローバリズム』、二〇〇八年。日本語訳は下村由一訳、みすず書房、二〇一二年）。このような当事者たちの「自分（たち）語り」と適切な距離を設定しつつ、個人的・集団的経験の生産的な継承をこころざして、個々の事実の集積ではない、終わらざる歴史としての「六八年」を言語化することは、方法論的にもけっして容易な企てではない。安易な道を取ろうとすれば、手痛い失敗が待ち受けているだろう。

そのなかで、「六八年」三〇周年にあたる一九九八年、西井一夫が渾身の力を投入してまとめあげた本書は、そのような将来の作業の基礎となるべき、他に類を見ない、豊穣な記憶の活性器である。各冊三〇〇頁を超える『20世紀の記憶』全二〇巻（プラス一二〇〇頁におよぶ『20世紀年表』）の第一回配本として、西井はこの「1968年――グラフィティ・バリケードの中の青春」を世に送った。西井自身は全共闘運動に先行する時期に学生生活を送り、慶大学費闘争を闘ったのち、一九六八年はすでに毎日新聞社に入社していた。年齢と立場のこの微妙な違いが、彼をこの時代の、準・当事者にして特権的な観察者にしたと言えるかも知れない。

優れた写真批評家だった西井は、写真という「記録」、写真によってのみ時間を超えうる社会的「記憶」の可能性に賭けていた。彼が選んだこの大量の写真群が、個々に、また全体として発揮する喚起力は実に驚異的だ。また文字資料も、東大闘争のさまざまなビラを一七頁にわたって掲載するなど、西井ならではの大胆な編集のおかげで、あの時代の闘いの思想のありようが、生々しく、立体的に浮かび上がってくる。世相やサブカルチャーへの目配りも、ときに個人的嗜好に流れつつも周到だ。西井が署名した文章はどれも、率直、犀利かつ自省的で、自虐的にならずに自分を笑えるおおらかな精神に浸されている。

本書には他に、唐十郎・菅孝行・佐伯隆幸・鈴木忠志・別役実・森秀樹による演劇座談会「俺たちは演劇をやったわけじゃない」など、おそらく二度とありえない顔合わせの、六〇年代演劇の決定的な総括討論も収録されている。表紙を飾る東大駒場祭のポスター作成者・橋本治とのコラボレーションは、本書にはじまり、『20世紀の記憶』の全体を横断していった。

西井一夫は『20世紀の記憶』の完成とともに毎日新聞社を退社し、奈良の吉野に新居を構え、新たな「暴れ方」を構想しようとしていた。その矢先、食道がんに倒れ、二〇〇一年一一月二六日、帰らぬ人となった。これほどの大冊をほぼ月刊ペースで出版し続けた超―強行軍の果ての、壮絶な最期だった。終生走り続けた彼の写真論の核心には、写真というメディアの、時間を止める奇蹟のような力に対する祈りにも似たものがあった（『20世紀写真論・終章』、二〇〇一年）。「あのころは、「止まれ」と自分は疾走しながら叫んでいた。今ならできるかもしれない。「止まれ」と自分がまず走るのを止めながら、自分の「脳」に命令することが」と、西井は本書の「あとがき」に書いている。彼が走るのを止められなかったことを知りながらこの言葉を読み返すたびに、名状しがたい辛く烈しい情動とともに、私は、「一九六八年」のなにごとかに触れる気がするのである。

生きてやつらにやりかえせ

「山岡強一虐殺30年――山さん、プレセンテ!」@plan-B 2016年5月21日

昨年(二〇一五年)は船本洲治さんの没後四〇年でしたが、今年(二〇一六年)は山岡強一さんが殺害されて三〇年ということで、今秋大きな追悼の催しが準備されていて、「山さん、プレセンテ!」というこのトーク・シリーズもその一環であるとうかがっています。

私が司会の池内文平さんやこの映画の上映委員会の方々とお付き合いをするようになったのも八〇年代でした。この間にすでに亡くなられた方も何人かいます。そのことに同時に思いを馳せないと、今日のテーマは語れません。

あれから三〇年後の現在の時代は、当然のことながら三〇年前とはいろいろな点で違ってきている。その違いをどう考えるかということについては、この社会に一般に流通している言葉のなかには正しい認識はないのではないかと思っています。そういうもどかしさを抱いて生きている人たちが、今日のみなさんたちのように、『山谷―

やられたらやりかえせ』という映画を観に来られているのではないか。つまり、この時代はどういう時代なのか、そのことを考える基準点みたいなものを求めてこの映画を観に来られているのではないか。だからこそこの映画の上映運動は、ずっと続いてきたのではないでしょうか。私は仕事柄教育にかかわっていますので、何世代かの学生たちに接してきましたが、そのなかの多くの学生が、どこかでこの映画を観ているのです。そんなことを背景に、お話させていただきたいと思います。

「生きてやつらにやりかえせ――歴史・民族・暴力――」というテーマでお話したいと思っているのですが、もう少し具体的に言うと、この「生きてやつらにやりかえせ」というスローガンが、今何を私たちに語りかけてくるかということを中心に話を進めたいと考えています。

今から三〇年前というと、八〇年代中頃のことですけれど、一体どんな時代だったのでしょうか？　例えば「まだソ連があった」と思う方がいるかもしれません。冷戦の最後の時期にあたっていたからです。今日のテーマに則して定義すると、私は「テロルの色分けがまだできた時代」と言えるのではないかと思います。つまり、テロルに〈赤色テロル〉とか〈白色テロル〉といった色分けができた時代だったということです。

「テロル」とは単なる情念の発露でも犯罪一般でもなく、基本的に政治的な暴力を意味します。過去二世紀ほどの世界のなかで「テロル」の歴史を振り返ると、まずフランス革命の「恐怖政治」に行き当たります。しかし、あえて言えば、この最初の「テロル」には色がありませんでした。ナポレオンの敗北に続く王政復古以降、反革命の報復が起きるのですが、その後期に〈白色テロル〉という言葉が使われるようになりました。一方、〈赤色テロル〉という言葉は、ロシア革命によってボリシェヴィキ政権を樹立したレーニンが、反革命派を徹底的に粛清した際に使われるようになった用語です。

つまり、〈白色テロル〉と〈赤色テロル〉という言葉が同時に使われ始めたわけではないのです。最初は〈白色テロル〉だけでした。現在、世界中で、被抑圧者の政治的暴力としてもっとも突出している現象は、三〇年前には、すでに〈赤色テロル〉とは言えなくなっていたでしょう。そして、〈白色テロル〉の方が、そういう呼び方はもはや一般になされないとしても、結局生き残っているのです。ここがまず、非常に重要な点ではないかと思います。

佐藤満夫さんと山岡強一さんの虐殺は、山谷の労働者たちの労働が収奪されている状況が、このドキュメンタリー映画によって広く世に知られることを恐れた右翼暴力団勢力による明白な〈白色テロル〉であり反革命の政治的暴力でした。

三〇年前には、もう〈赤色テロル〉といえるものは見えなくなっていたと言いましたが、それでも少なくともわれわれの想像力の地平には、〈赤色テロル〉を引き受ける思想や実践が、まだ存在はしていたのです。必ずしも「テロル」と観念されない「組織された暴力」は、私たちが学生の頃から多少なりとも関わってきた諸闘争の核心にあった思想でした。六〇年代まで遡れば、三派全学連によるヴェトナム反戦や安保・沖縄闘争にもそれは認められるし、六七年一〇月八日の、デモ隊と機動隊が激突した羽田闘争は、権力の側の絶大な暴力に、佐藤栄作首相の南ヴェトナム訪問に反対する学生・労働者の側の「組織された暴力」が挑戦したもので、まさにこの思想で闘われました。

六九年から七〇年代前半にかけて登場した共産同赤軍派や東アジア反日武装戦線の人たちの武装闘争は――後者の方たちは〈赤〉ではなくて〈黒〉だと言われるかもしれませんが――革命的テロルの主体に自己を変革することに人生を賭けていて、まさに〈赤色テロル〉と定義できるものでした。しかし、こうした学生運動家を中心とした「テロル」の行使は、ほどなく鎮圧されたり自壊して、姿を消していきました。

その後、組織された政治的暴力が発現する場は、山谷や釜ヶ崎などの寄せ場や、三里塚空港建設反対闘争などに限定されていきます。八〇年代初めの釜ヶ崎では、「来たれ暴動の町へ！」といったビラが貼られていたことを思いだします。そのような言葉が若者たちの心を捉えていた、まだぎりぎりそのような時代でした。しかし、三〇年後の今日、社会運動の地平にテロルが存在しているかというと、少なくとも当時と同じようには存在していません。

私は一九八四年の秋からフランスに留学しました。今のようにインターネットで即座に情報が入手できる時代ではなかったので、山岡さんの虐殺を、パリの日本語書店で販売されていた週刊誌を立ち読みしていて知りました。そして非常に強い衝撃を受けました。

そのことがきっかけとなって、私は『山谷―やられたらやりかえせ』のフランスでの上映運動にかかわることになります。この映画の公開は紆余曲折の末、山形ドキュメンタリー映画祭のフランス版といわれる「シネマ・デュ・レエル」という映画祭で行われたのですが、監督が二人も殺された映画はこの作品しかなかったという特異性もあって大変注目を浴びました。上映会では、私がこの映画や二人の監督について解説役も務めました。映画はその後マルセイユでも上映され、この地でも反響を呼びました。

私は留学中ジャン・ジュネという作家の研究をしていたのですが、山岡さんの訃報を知った八六年には、その年の四月にジュネも亡くなりました。ジャン・ジュネは『花のノートルダム』、『泥棒日記』などで知られる世界的な作家ですが、八二年には当時イスラエルの占領下にあったレバノンのパレスチナ人難民キャンプで起きた民間人虐殺事件に遭遇し、「シャティーラの四時間」と題するルポルタージュを書いています。この文章を翻訳するということが、私の最初の仕事になりました。『インパクション』(五一号　一九八八年)という雑誌に掲載されたのですが、この翻訳の「あとがき」に、私はこんな一文を記しています。「このささやかな作業を、日本の地で政治暗殺に斃れた人々、とりわけ佐藤満夫、山岡強一、(朝日新聞社阪神支局襲撃事件で殺された)小尻知博の各氏に捧げたい。」

この一文は、当時の日本で、〈白色テロル〉がしばしば行使されていたことを想起させます。今から考えると、その時期は、昭和天皇の「Xデー」(運動圏では昭和天皇の来たるべき死去の日がそう呼ばれていました)が近づきつつある時期でした。おそらくそのことと関連して、右翼の側が非常に暴力的になっていた時期でもありました。新たな「Xデー」が近づきつつある今、そのことをしっかり想起しておかなければならないと思います。

一九八七年に山岡さんの追悼文集『地底の闇から海へと』が出版されました。そこで山岡さんがジュネの『泥棒日記』を読んでおられたことを知り、一層親近感を抱いたことが思い出されます。

三〇年後の現在、思想的には非常に異なる衝撃的な暴力事件が頻発しています。私は二〇一四年春からフランスにいました。二〇一五年一月七日に起きた『シャルリ・エブド』本社襲撃事件の時には、当日共和国広場で開かれた抗議集会に参加しています。ところが、その四日後に行われた「共和国行進」は、だいぶ色合いの違った官製集会に変わっていました。ご承知のように、この事件は風刺週刊紙『シャルリ・エブド』がイスラームの預言者ムハンマドの風刺画を掲載したことに端を発するものです。事件当日の抗議集会では、共和国の女神像に登って抗議のメッセージを掲げる人の中にファシストも加わっていたようで、私の周りには「ファシストは帰れ！」とヤジを飛ばす人もいました。また、若い人たちのなかにはフランス国歌「ラ・マルセイエーズ」を歌う者たちもいて、これに対して後ろから「ここで歌うのはおかしいぞ」とか、「インターナショナルを歌え」と叫ぶ声もあったりして現場は相当に混乱していました。

かつて『シャルリ・エブド』では、シネという伝説的な風刺画家が活躍していました。彼は新聞が親イスラエル的になり、同時に反イスラームの風刺に傾斜する時期に編集部から追い出されています。シネは先日亡くなりましたが、彼はジャン・ジュネの友人でした。この事件のあと、私はアルジェリアへ行きましたが、アルジェの国立美術館には、シネがアルジェリア戦争中に画いた作品が展示されていました。『シャルリ・エブド』紙にはこういう人が数年前まではいたのです。それが近年、急速に変質していった。一九九一年の湾岸戦争から、フランスの左派のドラスチックな崩壊が始まります。現在の『シャルリ・エブド』社は当時湾岸戦争に反対したグループによって再結成されたのであり、当時はまだ、抵抗の姿勢を示していたのです。この新聞の変質は、二〇〇一年の〈九・一一〉以後、深刻になっていきました。この新聞は言わば、フランスの左翼全体の変質を、一歩遅れてたどっていったのです。

『シャルリ・エブド』に集った風刺画家たちにはそれぞれ独自の表現領域があって、みなが同じように攻撃的なイスラーム風刺に特化していたわけではありません。私は数年前まで『インパクション』という雑誌の編集委員をしていましたが、この雑誌には貝原浩さんという画家が天皇及び皇室のカリカチュアをよく掲載されていました。これが怪しからんということで右翼に襲撃され、編集委員のわれわれが殺されるという事態が起きたとしても、一九六一年の『風流夢譚』事件などを思い出せば、あながち想定外とも言えません。このような想定と通じる性格が、『シャルリ・エブド』社襲撃事件にあったことは明らかです。現にあの事件の後、「反天皇制運動連絡会」の友人は、街宣右翼から、「お前たちもああしてやる」と脅されたと聞いています。右翼からすれば、日本で『シャルリ・エブド』に当るのは反天皇制を掲げる左翼なのであり、襲撃者側に同一化してあの事件を見ていたわけです。彼らには彼らなりの筋があることを見落としてはならないでしょう。

当然のことながら、この数十年の米欧・イスラエルによる中東に対する侵略政策、そして現在のフランスでアラブ＝イスラーム系移民及びその子弟が置かれている超差別的な現実については、話しだすときりがないくらい具体的な事例があります。『シャルリ・エブド』事件の実行者たちは、明らかに、この差別的なフランス社会と決着をつけることに人生を賭けた。そのこともまた、一方では事実です。

しかし、一〇年前には、差別的なフランス社会に対する抵抗は、都市郊外叛乱として表現されていました。二〇〇五年秋の郊外蜂起には、宗教的色彩は全くなかったことを思い出すべきでしょう。あの叛乱後も移民系住民の状況は何も変わらない。むしろますます悪くなっていく。当時の内務大臣で蜂起のきっかけとなった若者の死亡事件の責任者ニコラ・サルコジは大統領になり、フランス社会は一気に荒廃していきます。サルコジの再選を阻んだ社会党政権のもとでも、何も状況が改善しない。二〇一四年という年は、何か起こらずにはすまないという予感が社会に充満していて、パリの空気は本当にピリピリしていました。そういうなかであの事件が起きた。人々は単純に衝撃を受けたというより、ああ、予感されていたのはこういうことだったのかというような反応だったように感じました。

あの事件で殺された風刺画家の一人であるカビュは七五歳でした。彼はアルジェリア戦争に徴兵され、軍隊のなかで反戦意識を持ったことがきっかけで政治的に自己形成した人物です。フランスでは左派のなかですらむしろ例外的な徹底した平和主義者で、反核兵器・反原発という思想を堅持していました。日本に来たこともあり、福島第一原発事故に心を痛めていました。そのような内容の晩年のインタビューが、亡くなったのち、ラジオで再放送されていました。

ベルナール・マリスという経済学者も同じ場所で殺されていますが、この人は『資本主義と死の欲動』というネオ・リベラリズム批判の著作を近年共著で出していました。こういう人びとが、ことイスラームの問題になると、あのような差別的な風刺画を、意固地に擁護する立場を取っていたのです。

この新聞の編集長はシャブという風刺画家ですが、この人の座右銘は、「膝をついて生きるより立ったまま死んだほうがいい」というものでした。どこかで聞いたような言葉ですね。反対側の人たち、事件の実行者たちも、同じ内容の信念を抱いていたはずです。この事件は実は、このタイプのマッチョな性格の持ち主たちの意地の張り合いの果てに起きたという側面があります。事件に至る経緯については風刺画の掲載を合法としたフランスの司法の問題がもうひとつ重要ですが、話が逸れてしまいますので、今日はそこには触れないでおこうと思います。一言で言うと、私は殺された人たちについてもその思想の経歴をきちんと理解しようと努めるべきであり、襲撃の実行者たちの思想にも、できる限り接近したいという考えを持っています。

この事件についてパスカル・オリという歴史家は、「錆びついた無神論的無政府主義（『シャルリ・エブド』）と研ぎすまされた宗教的共同体思想（クアシ兄弟）の衝突」と評しています。共和国行進を高く評価するこの人の主張にはかならずしも賛成できないのですが、この形容そのものはけっこう本質を言い当てているのかなと思っています。ここからが今日の本題ですが、「シャルリ・エブド」襲撃の実行者たち、また一一月のパリ六箇所同時襲撃事件を起こした人たちは、最初から死を覚悟している、むしろ死を望んでいるといってもいい。自爆攻撃を敢行する、あるいは治安部隊によって殺害されることを覚悟している。一言で言えば、死にに行っているわけです。ここが非常に重要な点です。というのも、アラブ＝イスラーム世界では、彼我の武力の差が圧倒的だった独立戦争や脱植民地闘争、例えばアルジェリア戦争のような過程では、政治的な自死は非常に稀だったからです。それはひとつには、イスラームでは基本的に自死を禁止しているということがあります。その禁忌が、八〇年代以降、急に解かれていった。これをどう考えたらいいのか。より苛酷な植民地時代にもなかったことがなぜ今急増しているのか。そういうことが問われているのではないかと思います。

その背景にイスラエル＝パレスチナの抗争があることは間違いないし、自己の死と引き換えに敵に打撃を負わせるという戦術の歴史上画期となったのが、一九七二年五月三〇日、日本赤軍が行ったリッダ闘争、いわゆるテルアビブ空港乱射事件だったことも忘れられてはならないでしょう。イスラーム圏ではあのタイプの闘争は、それまではほとんどなかったからです。

『シャルリ・エブド』襲撃事件とは一体何だったのかと言うと、要するにこれは、預言者の仇を取るための復讐なのです。ユダヤ教では人間の復讐を原則禁止している。復讐は神がするものだとされているからです。キリスト教はさらに厳格に復讐を非難しています。イスラームでは復讐は一定の範囲内では制度的に容認されていますが、基本的にはやはり禁止の方向です。それが今日のように自爆攻撃が常態化してしまったことについては、二つのポイントが考えられます。

七〇年代初頭、ハイジャックはプロパガンダのための戦術として闘争の歴史に現れました。当時のハイジャックは、飛行機を乗っ取り、自分たちの闘争の大義を宣伝し、人質にした乗客は指定した目的地の空港で全員解放し、そして飛行機は爆破して自分たちも逃走するというものでした。つまり、人は誰も傷つけないという配慮とともに練り上げられた合理的な作戦だったのです。今から考えると、なんと穏和な「テロリズム」でしょうか。よど号事件の時などは、実行者側との交渉に応じて、政府の要人が乗客の身代わりに人質になっている。なんとも牧歌的な時代だったと思わざるをえません。

ところが、その後世界の治安権力は、人質が取られても実行者側の要求は認めない、交渉などもってのほか、人質が犠牲になろうと「テロリスト」は抹殺すべしという方針を純化させていきました。一九七二年のミュンヘン・オリンピックの際のパレスチナ・ゲリラ「黒い九月」によるイスラエル選手村占拠事件以降、この傾向は一気に加速していきました。

〈九・一一〉を見直すと、ご承知のように、この作戦はハイジャックした飛行機で直ちに目的が達成されるように構想されていました。ハイジャックした飛行機で、実行者が乗客を道連れに自爆をする。このような作戦は突然歴史に出現したのではなく、そこに至る戦術の歴史があるのです。この三〇年の政治的暴力の性質の変化ということを考える場合には、このこともまた、思い出しておく必要があります。

二〇一五年一一月一三日に起きた「パリ六箇所同時襲撃事件」は、サッカー場、コンサートホール、レストランなど、パリ内外で同時に展開された襲撃ですが、「シャルリ・エブド」襲撃よりもさらにいっそう自殺的な傾向は強まっています。「生きてやつらにやりかえす」のではなく「死んでやりかえす」、そのような傾向の政治的暴力の発動が、今世界で多発しているのです。ここで真剣に考えなければならない点は、そのことが自己にとって究極の行為であると実行者が観念している、その主体性の問題です。

イスラームには「殉教して天国へ行けば永遠の至福に与れる」という思想があって、それが自爆攻撃を助長しているという俗説がありますがそれは事実に反します。アラブ＝イスラーム世界の抗争で自爆攻撃が頻繁に採用されるようになったのは八〇年代前半、イスラエル軍占領下のレバノンからです。イスラエル軍に対するものもあれば、レバノン内部の武装勢力間の抗争で劣勢の側が採用する場合もありました。ジュネの遺作『恋する虜』は彼の死後、一九八六年四月に出版されたものですが、そこには早くも、レバノンで起きた二人のパレスチナ人女性の「自爆」をめぐるエピソードが記されています。

最初は中東でこうしたかたちで出てきた周縁的な現象が、〈九・一一〉以降、アフリカを含むイスラーム世界で全面化して今の状況になっていったのです。現在イスラーム世界では〈殉教者〉とは何かが厳しく問われ、非常に深刻な葛藤が続いています。

だいぶ前になりますが、パレスチナ自治区で二〇〇〇年秋から始まった第二次インティファーダ（イスラエルに対する民衆の抵抗闘争）で殺された最初の一〇〇人の遺品展にかかわったことがあります。この遺品展のタイトルは「シャヒード、100の命」でした。しかし、この人たちはかならずしも闘争のなかで殺されたわけではなく、家のなかにいて誤爆によって殺された人も含まれていたため、はたしてその人たちも〈殉教者〉なのかどうかという論争が起きました。

一方、現在の聖戦主義的な武装闘争、自爆攻撃を実行する人々のなかには、自分の意思で〈殉教者〉になれると信じている人が少なくありません。しかし本来イスラームは「神の道のために努力・奮闘すること」を「ジハード」と呼んできました。この「ジハード」という用語が、近年パレスチナ紛争や欧米との摩擦が高まるにつれもっぱら「異教徒」との闘いを指すようになり、やがて特に「自爆攻撃」の同義語になり、そしてこの「ジハード」によって命を落とした者が〈殉教者〉と呼ばれることになったのです。本来の信仰のあり方としてはみずから死を求めてはならないはずであり、「ジハード」のなかで天に召される者を選ぶのはあくまでも神であり、神に選ばれた者が〈殉教者〉なのですが。これは伝統的なイスラームがむしろ解体しつつある過程であって、「純粋な」「始源」のイスラームがこのようなかたちで復興していると見るべきではないでしょう。

私の友人に、マグレブ系の移民が多く住むパリ北郊外のサン・ドニという街で三〇年以上診療活動を続けているファトヒ・ベンスラーマという精神分析家がいます。『イスラームにおける主体性の戦争』（二〇一四年）という著書で彼は、イスラーム世界で自殺的傾向を募らせている人々はかならずしも「聖戦」志願者ばかりではなく、もっと広範な人びとが「自分は正しい生き方をしていないのではないか？」という深い不安を抱えていると指摘しています。そしてこうしたイスラーム世界における自死の観念の変容について、ベンスラーマは、チュニジア革命の発端となったといわれるブアジジーの焼身自殺の事例を挙げています。これはチュニジアの地方都市で行商を営んでいたひとりの青年が、ある日理由もなく自分の商売道具や商品を警官に没収されてしまい、それに抗議して警察署の前で焼身自殺を図った事件です。

かつてこのような事件はイスラーム世界では稀でした。もちろん宗教的な動機による自死ではありません。イスラームの教義からすれば、自ら地獄に飛び込むような行為です。亡くなった当初、ブアジジーは、ムスリムの墓地に埋葬されることさえ許されませんでした。しかし、実際には、まさにこの事件がきっかけとなって「アラブの春」は始まったのです。生と信仰から同時に離脱するという、非常に強い衝動を内心に覚えていなければ、とてもこんな行動はできません。独裁体制や社会の腐敗に対する批判への共感というだけではなく、ブアジジーを行為へと駆り立てた力に共鳴する人々が無数に存在しているということを、「アラブの春」は明らかにしたのです。伝統的なイスラームの聖職者たちも、宗教の戒律を破った自殺者だという理由でムスリムの墓地に埋葬させないということができなくなり、結局世論に押されるかたちで、ブアジジーは狂気に侵されたという口実で、ムスリムの墓地への埋葬を許可するにいたりました。このことについてベンスラーマはこのように言っています。「アラブ諸国民は自死の新たな高貴化の道、社会的大義の道を承認したのである。このことは〈殉教〉という観念を、さらに一歩その世俗化の方にずらすことになった。」

今アラブ世界では、こうした矛盾した動きが激しく衝突しているのです。イスラーム世界はけっして一方向に進んでいるわけではない。むしろこれまでの考え方がどちらからみても通用しなくなっている。そういう深い変容の時期にあるのだと思います。

さらに、アラブ、アフリカでは、難民の問題も深刻化しています。「難民」と言っても、遭難のリスクを侵して地中海を渡ろうとするブラック・アフリカからの難民と、内戦で国が崩壊してしまったシリアからの難民とは、動機も事情もまったく違う。ただし共通項もあります。それはこれらの人々が、自国の現状のなかに、自身が存在する価値を見いだせないという認識です。そういう声が、自分自身の中に非常に強く響いているがゆえの決断だという点です。そこにはやはり、生と自国からの離脱をうながす、やむにやまれぬ衝動が働いています。このような難民の心理状態について、ベンスラーマは次のように述べています。「もはやこの生はお前に相応しくない、もはやこの生にお前は相応しくない……存在することの恥を逃れるために他に道がない人々の耳に聞こえているのは、超自我のこんな残酷な判決である」。

二〇一一年のアラブ世界の叛乱は、すべて尊厳と正義の要求を掲げて闘われたもので、「神」「宗教」「師」といった古来のビッグネームは、そのスローガンのなかに不在でした。革命はチュニジアなどでは半ば成就したけれども、その後の政治状況は混迷したまま今日に至っています。リビアなどは国がなくなってしまいました。にもかかわらず、そのなかに新しい芽も生まれてきている、そういう新しい芽を育てていこうとしている人びとが、どの国にも現れてきています。

もうひとつ考えておきたいこととして、聖戦主義者の闘いの理念、スローガンの中には「復讐」の思想が認められます。

「復讐」などという言葉を持ち出すと、現代の人々にはひどく野蛮な響きがするのではないかと思います。しかしこれもまた、この三〇年間の変容のひとつと考えなければなりません。一九八〇年代でもまだ、「復讐」が即座に野蛮であるという立場を、私たちは取っていなかったはずです。端的に言って、「革命」という観念から「復讐」という要素を完全に抜き去ることは考えられませんでした。もっとはっきり言うと、「復讐」は、ほんの少し昔には、ひとつの崇高な理念だったのです。

私は当時日本にいなかったので正確には分かりませんが、佐藤さんや山岡さんが殺された後の「追悼集会」では、おそらく「同志は倒れぬ」という歌が歌われたのではないかと思います。そして、この歌の最後には、「いざ、復讐へ」というフレーズがあったはずです。さらに古い事例として、中野重治の「雨の降る品川駅」という詩を思い起こすなら、あの詩の最後は「報復の歓喜に泣き笑う日まで」というフレーズで結ばれていました。中野重治などは日本の革命派のなかで最も非暴力的な思想の持ち主ではなかったかと思うのですが、そういう人でも「報復」という言葉を用いていた。「革命」の理念と「復讐」の観念は、これほど切り離し難いものだったということでしょう。

私はこの二〇年の間に何回か暴力の問題について真剣に考え直す機会がありました。実をいうと、私自身は性格的にそれほど「復讐好み」ではないと思いますが、理論的に大事な理念のひとつであると判断して、できる限り理詰めに考えてみようと努めてきました。ニーチェによれば、人間の共同体は、「復讐」を通してのみ、まず集団的な平等の観念に達したのであり、平等という考え方自体が、長い年月の間の復讐の実践からしか生まれなかったものです。これはなかなか深い思想だと思います。つまり、人間は「復讐」によって、お互いに人間であるという認識に到達することができたという見方もありうるのです。なぜ「復讐」が崇高でありうるか、その理由はこのあたりにあるのではないでしょうか。

今の時代に、もう一度「復讐」の観念を往年のままに復権させようとしても意味がないことは重々承知しています。そうではなくて、「復讐」の観念に内在している大切なものを、暴力一般を否定する時代の傾向に抗いつつ救い出すことは、私は必要だと思いますし、できることだと考えているのです。

「復讐」の観念が平等の原則と不可分のものならば、それはけっしてなくなるはずはないし、抑圧しても歪んだかたちで繰り返し回帰してくるでしょう。歪み方が過剰になると、それはもはや「復讐」としてみなされなくなります。「復讐」を頭から否定していると、自分たちのやっていることがいよいよ分からなくなってくる。そういう回路に入ってしまうことのほうが、はるかに危険なのです。

だいぶ長くなりました。最後にもう一点、私が、その意味を掘り下げてみたいと思っている言葉についてお話しします。それは「闘いに命を賭ける」という言葉です。これはアメリカのブラックパンサー党の創設者の一人だったヒューイ・ニュートンという人が、『革命的自殺』（一九七三年）という著作でテーマにした理念です。

この本は彼の自伝的な著作で、BP党を結成した経緯などから書き進められています。それによると、この党は本来武装闘争を行うために結成されたわけではなく、抑圧され、虐げられていた都市部のゲットーに居住する黒人共同体を、自分たちの力で防衛するという明確な目的がありました。ところが一九六八年に非暴力の公民権運動指導者だったキング牧師が暗殺され、そののちニュートンたちは、武装闘争を主張するようになりました。

アメリカでは武器の所持が憲法によって保障されています。黒人である彼らも、この憲法の理念に則って武装したのですが、武器を携行した黒人の政治活動家は、体制にとってもっとも危険な存在とみなされ、警察の手で次々に殺されていきました。そうした事態を憂えた白人リベラル派からは「黒人が武器を持って街頭に出るのは自殺行為だ。止めた方がいい」という忠告を受ける。しかし、不当な弾圧に抗し、解放に向かって進み始めた黒人たちは、もはや聞く耳を持ちませんでした。その意思の思想的表明として、ニュートンはこう書いています。「〈革命的自殺という〉フレーズを鋳造することで、私は二つの既知のものを取り上げて組み合わせ、一つの未知のもの、新しい傾向のフレーズを作ったのであり、このフレーズのなかでは〈革命的〉という言葉が〈自殺〉という言葉を、異なる次元と意味を持つ、新しく複雑な状況に適用可能な思想へと変革しているのである。」

ひとたびコミットしたら長く生きることはもう望めない、そのような闘いに確信を持って参加すること、それをニュートンは「革命的自殺」と呼んだのです。フランスの社会学者デュルケームの説（『自殺論』）を援用しつつ、ニュートンは、アフロ・アメリカンの自殺の主要な原因が人種差別的な社会環境の圧力であることを指摘します。この圧力に屈し酒や薬に溺れて死んでいくことと、圧力を跳ね除けるために立ち上がり敵の弾圧を受けて死ぬこと、「箒で吐き出される」存在であることと、「棍棒で叩き出される」存在であることは同じではないと。「黒人がその名に相応しい生への欲求に突き動かされるとき、人間的尊厳を欠いた生活は不可能になる。」そう、彼は書いています。「生きてやつらにやりかえせ」という寄せ場闘争の理念と響き合う同時代の思想が、ここに息づいているのではないでしょうか。というのも、この「生きて」という言葉には、寄せ場の労働者の「革命的自殺」への強い傾向が、確かに踏まえられているように思われるからです。

ブラックパンサーの「革命的自殺者」ということで、もう一人、ジョージ・ジャクソンの名を挙げたいと思います。彼は一七歳の時にガソリンスタンドでほんのちょっとした盗みを働いただけで懲役判決を受け、その後の一生を牢獄で過ごすことになりました。彼は獄中でブラックパンサーになり、結局獄中で殺されてしまいます。ジョージにはジョナサンという弟がいました。ジョナサンは、兄の裁判の公判の際、折り畳み式の銃を隠し持って法廷に入り、判事たちを人質にとって兄の解放を要求し、結局射殺されてしまいます。

ジャン・ジュネは、このジャクソン兄弟の死について、次のような考察を残しています。

「ジョナサンがジョージに対して抱いていた尊敬が彼を兄の模倣へと向かわせたのだとすれば、ジョナサンが死んで、自由のなかで――ニュートンの表現を使えば、〈革命的自殺〉によって――死んで、今度はジョージがジョナサンに尊敬の念を抱いて、彼を模倣したいと欲するにいたったのだ。私たちが目にしているのは、おそらく、ジョージア・ジャクソン（ジャクソン兄弟の母）の二人の息子のこのように縒り合わさった尊敬であり、彼らは互いの力を得て、黒人意識と革命の契機になろうとしていたのである。」（『ジョージ・ジャクソンの暗殺』まえがき、峯村傑訳）

私はこれから、ジャクソン兄弟と『シャルリ・エブド』事件を起こしたクアシ兄弟の、深く重なり、遥かに隔たる、思想の旅をたどる作業を行いたいと思っています。

「ポピュリズム」、その概念と運動の行方
——二〇一七フランス大統領選を素材として

カルチュラル・タイフーン@早稲田大学　2017年6月24日

私に求められたテーマは、フランスの現在の政治状況に照らして、「国民戦線」（FN）に代表される政治運動を、「右翼ポピュリズム」という観点から考察することである。五月に行われたフランス大統領選の結果は、周知のように、既成政党から独立した候補として登場したエマニュエル・マクロンが勝利し、第五共和制第八代大統領に就任した。六月一一日に行われた総選挙第一回投票では、大統領支持者が結成した新党「共和国前進」（REM）が三二％の票を獲得し、議会で圧倒的多数の議席を占めることになった。「国民戦線」の得票率は一四％、大統領選で一定の活力を示した左派「不服従のフランス」（FI）は一一％、オランド前政権を担った社会党は一〇％、エコロジー政党「エコロジーのヨーロッパ」と共産党はそれぞれ三％にとどまり、史上最年少の大統領が率いる新勢力の一人勝ちの趨勢となっている。

しかし、大統領選においてすでに明らかだった棄権および白票の比率は総選挙では

いっそう上昇しついに五〇%を超えた（第二回投票では五七%）。単純計算の上ではマクロン派は有権者の一六%の支持を得たに過ぎないが、議会では七〇%近い議席を獲得することが予想されている。新星のごとく登場して極右の脅威からフランスを救った「神意を授かった男」（homme providentiel）のように国際社会で歓迎されている新大統領の「イメージ」とは裏腹に、フランスにおいても他の「民主主義」国同様、代議制の危機はこの政治過程を通じて深まりこそすれなんら解決されていない。

マクロン＝フィリップ新政権は、その最初の施策として労働法の改「正」を打ち出していることからも明らかなように、社会党前政権が大統領令（憲法四九条三項）を発動して強行した労使関係自由化（エル・コムリ法、二〇一六年）の道をさらに押し進めようとしており、その経済政策の基調は攻撃的な新自由主義である。フランスの有権者が大統領選および総選挙を通じて選択したのはこの政策ではないことは明らかであるにもかかわらず、新政権は白紙委任状を託されたかのような権力を手中にした。この状況を、一八四八年一二月の普通選挙による初の共和国大統領選におけるルイ・ボナパルトの勝利になぞらえる見方があるが、あながち無根拠とも言えない。

三月末に渡仏し大統領選前夜の状況を観察する機会があったが、「ポピュリズム」という言葉の使われ方には特別の注意を払った。そこで気づいたことをまとめると以下の三点になる。①日本も含む平準化された国際的なメディア環境におけるのと同様、フランスの主要メディアでも「ポピュリズム」は左右両極に位置づけられていて、「国民戦線」（以下ＦＮ）と「不服従のフランス」（以下ＦＩ）の選挙運動がこの角度から頻繁に論じられていた。②ＦＮがこの規定を拒否していたのに対し、ＦＩの側にはむしろ、ベルギー人の政治哲学者シャンタル・ムフがジャン＝リュック・メランションの選対に加わっていたことに端的に示されていたように、「左翼ポピュリズム」路線を積極的に推進する姿勢が見られた。③一方、中道とみなされたマクロンの選挙運動を、自称他称のいずれにせよ、「ポピュリズム」と規定する言説はほとんど見当たらなかった。

新自由主義的なグローバル資本主義と現代レイシズムの関係は、他の社会現象と同様、多元的に規定されている。そして理論的解読格子もまた、それ自体いくつもの次元にわたる歴史的葛藤の所産である。現在ヨーロッパで「ポピュリズム」は、財政規律に顕著に示されたヨーロッパ連合（ＥＵ）の政治＝経済的圧迫に苦しむ加盟国民衆下層の政治的表現として、主流のメディアやアカデミズムによって、右翼と左翼の両極に位置づけられている。ＦＮとＦＩの支持基盤と目される民衆階級が中流以上の諸階級よりも、排外主義、レイシズムにイデオロギー的に冒されやすいという偏見の刷り込みが系統的に行われているという印象を受けた。

リュカス・ベルヴォの映画『われらの国』（Chez nous, 2017）では、ＦＮが高い支持を得ているフランス北部のエナン＝ボーモンと覚しき地方都市で、巡回看護師の若い女性（離婚した一児の母）が極右政党の勧誘を受け市議会議員候補となる過程が描かれる。コミュニストの父、左派活動家の友人、そして移民集住地区の患者たちと、彼女は次第に疎遠になっていく。一方高校時代の級友で元軍人の青年と交際が始まるが、彼は白人至上主義的な暴力集団の一員で、政党は彼らを長年手兵として使ってきたのだった。民主的政党への衣替えに腐心する政党は、青年を脅してヒロインとの離別を迫る。そのときようやく、彼女の心に政党に対する疑念が萌す。

ヒロインが初めて政党幹部の医師の自宅に招かれる場面では、居間の壁にシャルル・モーラス、セリーヌ、ブラジヤックなど、戦前の著名な極右作家や対独協力作家たちの肖像が現れる。一方政党の事務所にはフランス社会党の創設者ジャン・ジョレスの肖像が掲げられている。こうしたショットは近年のFNが旧来左翼的とみなされてきたテーマや歴史的人物の流用を積極的に図ってきたこと、そしてこれらの象徴を読み解く能力がヒロインにはないことを同時に物語る。このようにして示唆されるのは、歴史についての知識の欠落、そして象徴資本に恵まれた知的エリートに対する文化的隔絶感が、民衆下層への極右運動の浸透の条件となっていることである。植民地喪失の怨恨から生まれた南部のFNがレイシズムをその本質的属性とするのに対し、北部の産業衰退地帯のFNは労働者主義的な傾向を持つという通説に反し、北部でもレイシズムがこの党のイデオロギーの不可分な構成要素であることをこの作品は暴き出す。

アルジェリアからの引揚者を核とする創設時から、FNは伝統的な極右諸潮流との離合集散を繰り返しつつ相対的な変容を遂げてきた。この政治運動を駆動する情動はいまや単純な排外主義にも、グローバル化の犠牲者という自己表象にもとづく純粋に経済的なルサンティマンにも還元できない。「右でも左でもなく」という標語が示唆するように、この党は本来複数の潮流、複数の情動を縫合する政治的術策を身上としており、民衆層の一部の支持はその結果であって、民衆性の自発的な発露などではない。

シャンタル・ムフは選挙戦のさなかの発言で次のように述べる。「政治的決定への参加要求は、ひとつの声となることを求める「人民」「われわれ」の構築の仕方次第でいくつもの形を取る。「右翼ポピュリズム」と「左翼ポピュリズム」の違いもそこにある。権威主義的なタイプの前者が民主主義を国籍保有者に限定しようとするのに対し、後者はそれを拡張することを望む。右翼ポピュリズムのほうが成果を挙げてきたのは、左翼の側が政治の合意形成的ヴィジョンになお囚われていて、政治的アイデンティティの構成における情動の決定的な役割を誤認してきたからである。」(『ル・モンド』、二〇一七年四月一六日)

しかし「ポピュリズム」概念がマルクス主義政治思想史において「ボナパルティズム」概念の系譜上で構築されてきたことを想起するならば、いつのまにかそれが左右両極に限定されることになった経緯にはどこか倒錯したところがあるように思われる。今回のフランス大統領選では、マクロン派もまた「右でも左でもない」(あるいは「右も左も」)路線を標榜していた。「ポピュラリティ」にはそもそも〈民衆性〉と〈人気〉という両義性がある。後者の意味での「ポピュリズム」は階級対立から超越したある種の「中間性」の仮象の生産を特徴とし、エリック・ファッサンが指摘するように、新自由主義とも十分親和的でありうる(『ポピュリズム、おおいなるルサンティマン』、二〇一七年)。「中道ポピュリズム」が端からありえないことにされていた今回の選挙戦をめぐる言説の配置は、現代フランス社会における支配層と主要メディアの結託の深さこそを示していたように思えてならない。

マクロンの勝利によって極右の脅威は過ぎ去ったのだろうか。新大統領のおかげで悪夢から解放されたかのような認識は完全に転倒している。むしろ「国民戦線」および二〇一五年初頭以来の一連の暴力的な出来事こそがマクロンを最高権力の座に押し上げたのである。そうである以上、彼がFNの消滅を望むことはありえない。極右勢力はフランス政治における独立変数ではない。数十年来その存在は支配的な政治勢力によって前提され、秘かに養分を補給され、さまざまに利用され、政治構造のなかに組み込まれてきたのである。いま求められているのはこの構造を補完することしかできない「左翼ポピュリズム」ではなく、この構造の全体とラディカルに断絶しうるような政治だろう。その可能性は今回の選挙で棄権を選択した有権者の半数超の人々との共闘の成否に、そして単純な友愛でも敵意でもない、ある未知の社会的情動の発明の成否にかかっているだろう。

遭遇と考察の軌跡　——あとがきに代えて

ニーナ・シモンは自伝のプロローグの冒頭で、ジェイムズ・ボールドウィンがかつて彼女に語った言葉を思い出している。

「何年も前、私が憂鬱に取り憑かれたとき、ジェイムズ・ボールドウィンは私に会うたびに同じことを言うようになった。『ニーナ、これは君が君のために作った世界だ。いまはその中で生きていかなければならない。』ジミーは物事を現実にあるがままに見る人だった。そして彼のまなざしは、見ている事柄がどれほど不快であろうと、けっしてたじろぐことはなかった。」

（『わたしはあなたに魔法をかける（I Put A Spell On You）』、一九九一年）

ニーナ・シモンの「憂鬱《ブルー》」は、幼時から並外れたピアノの才能を発揮した黒人の少女が、クラシック奏者になる道を閉ざされてポピュラー音楽の歌手となり、やがて公民権運動と遭遇し、〈運動〉と表現活動、私生活の境がもはや見分けがつかなくなった果てに、一九七〇年代初頭の弾圧の激化とともに、米国における黒人解放の展望が決定的に閉ざされたことを悟ったときに始まった。彼女は後半生のほとんどを、米国を離れ、アフリカとヨーロッパで過ごすことになる。

ひとつの歴史的状況と真摯に向き合って生きた人々の残した言葉は、個々の事情を超えて、後の時代の別の状況のなかで、思いがけなく深い響きを立てるなにかを持っている。ジェイムズ・ボールドウィンがニーナ・シモンに語った言葉には、ニーナが自分の人生を振り返った年齢をすでに超えてしまった私をも、尽きない省察に誘うものがある。世界がどれほど苛酷であろうと、それをあたかも自分が作ったものであるかのように見つめ直すこと、その回心、責任、矜持の姿。まなざすことと生きることは、そのときもはや別のことではない。

とはいえ、私たちはニーナを「憂鬱」にした時代とはすでに別の時代を生きているのだろうか？　私たちの「憂鬱」は彼女の「憂鬱」と、まったく別のものだろうか？

彼女が〈活動する音楽家〉に変貌したのは、一九六三年九月一五日、バーミングハムの教会に爆弾が投げ込まれ、聖書の勉強中だった四人の黒人の少女が殺された事件の後だった。あの時代に猛威を奮い始めた「テロルの季節」は、米国大統領がドナルド・

トランプという名の男である今日、別のなにかに変わったのだろうか？　それとも「季節」はめぐることを忘れ、歴史の同じ頁を、私たちはいまも読まされ続けているのだろうか？

本書の最初に収録した学会発表に言及のある空港でのトラブルに続き、二〇〇七年以降、私自身が米国に入国を拒否されることになった経緯については、『主権のかなたで』（岩波書店、二〇〇八年）のあとがきで述べている。私が経験したのは、ナオミ・クラインが明快に分析した二〇〇一年九月一一日以後の米国のセキュリティ産業の飛躍的発展と、それと軌を一にした人間管理システムのドラスティックな変貌という、一般的な状況の一事例である。

「今や誰もが、顔認識ソフトの不鮮明な映像や、綴りの違う名前との照合や、会話を交わした際のささいな誤解といった当てにならない証拠を基に飛行機の搭乗を阻まれたり、アメリカへの入国ビザを拒否されたり、はたまた「敵性戦闘員」として逮捕される可能性がある。もし逮捕された「敵性戦闘員」が米国市民でなければ、おそらくその本人は逮捕理由さえも知ることができない。というのも、ブッシュ〔息子〕政権は被疑者から人身保護請求権のみならず、裁判所で証拠を目にする権利も、正当な裁判を受ける権利も、自らを弁護する権利も、すべて剥奪したからである。」（『ショック・ド

クトリン――惨事便乗型資本主義の正体を暴く』、幾島幸子・村上由見子訳、岩波書店、二〇一一年）

もっとも、政治的背景を持つ暴力的事件による思考の触発という領域を私が発見したのは、結局のところ滞在期間が一月にも満たない米国ではなく、留学と二回の在外研究で合わせて六年半を過ごしたフランスでのことだった。最初の在外期間中に起きた〈九・一一〉の直後に公表した文章群は、前記『主権のかなたで』に収録されている。二回目の在外研究のさなか、今度はパリで、シャルリ・エブド社襲撃事件が起きた。長年折に触れて目にしてきた風刺画の作者数名を含む編集委員たちが殺害されたこの事件は、住まいからほど遠くない場所で起きたこともあり、下腹部に鈍痛を覚えるような重い衝撃を私に与えた。本書の裏表紙の写真はこの事件の直後、サンドニ門に貼られていたポスターを私自身が撮影したものである。一九九五年のマチュウ・カソヴィッツの映画『憎しみ（La Haine）』のタイトルが「愛（L'Amour）」に置き換えられている。「私はシャルリ」一色に染め上げられたパリの街頭で当時目撃された、数少ないぎりぎりの抵抗の表現だったと思う。

そして同年秋、パリとその周辺六ヶ所で起きた同時襲撃事件では、二ヶ月ほど前に友人たちと食事をともにしたレストランが標的のひとつになった。この新たな一連の「遭遇」に応答するべく試みた「考察」が、本書の核を形成している。

本書にはまた、留学時代に雑誌『インパクション』に寄稿した文章数本も収められている。そのうちの最初のものは一九八六年に遡る。フランスの大学制度に格差を導入しようとした右派内閣の改革案に反対するデモのなかで、アルジェリア系の学生が機動隊に虐殺された事件の報告だった。三〇年あまりの間、時代をみつめてきた私の仕事に、ひとつの「軌跡」と呼びうるような一貫性があるかどうか。自分には判断のつきにくいこんな問いとともに、本書を世に送ることにする。

「テロル」「テロ」「テロリズム」という言葉の使用はつねにすでに政治的である。例えば「テロリズム」という概念に対応するなんらかの現象が客観的に存在するという立場を私は取らない。これらの言葉ともまた、私は人生のなかで「遭遇」してきたのであり、本書で論じられる事象や言葉には、こちらから適切な距離を設定することが本質的に困難な性質がある。あるいは、「当事者」になる可能性に自分を開かない限り、思考不可能な性質と言い換えてもいいかも知れない。

『インパクション』誌の休刊前の最後の号（一九七号）のタイトルが「テロルの季節」だったことも、本書のタイトルの選択と無縁ではない。この雑誌の編集委員を二〇年以上務めたことは、私の仕事の展開にとってとても大きな意味を持った。イスラーム、反ユダヤ主義とシオニズム、六八年五月、死刑、ポピュリズム、動物等、多様なテーマを扱った、フランス、アルジェリア、パレスチナ、南アフリカ、スペイン、そして日本と、関連地域も異なる文章が本書には収められている。これら雑多な論考からなる本書の骨格がここまで明確になったのは、ひとえにインパクト出版会の編集者として雑誌編集作業にも携わってこられた須藤久美子さんの尽力による。ご苦労に見合う内容を本書が備えていることを、感謝とともに願うばかりである。

二〇二〇年代の発端で強行された米国によるイラクでのイラン司令官殺害作戦は、新たな国家間戦争の時代の予兆なのか？　それは「テロルの季節」の終わりを意味しているのか？　それとも、「テロルの主体」がいっそう決定不可能になりつつ偏在する、主権の論理のさらなる脆弱化に向かうのか？　そのとき私たちの反戦の論理はどの方向に研ぎ澄まされるべきか？　このような問いをめぐる大衆的な議論の素材のひとつとしても、本書が活用されることを期待したい。

鵜飼　哲

二〇二〇年一月五日

［著 者］

鵜飼 哲（うかい さとし）

1955年生。一橋大学特任教授。フランス文学・思想専攻。

著書・翻訳書

『抵抗への招待』みすず書房／1997

『償いのアルケオロジー』河出書房新社／1997

『応答する力　来るべき言葉たちへ』青土社／2003

『主権のかなたで』岩波書店／2008

『ジャッキー・デリダの墓』みすず書房／2014

ジャック・デリダ『盲者の記憶　自画像およびその他の廃墟』（翻訳）みすず書房／1998

ジャン・ジュネ『アルベルト・ジャコメッティのアトリエ』（翻訳）現代企画室／1999

ジャック・デリダ『生きることを学ぶ、終に』（翻訳）みすず書房／2005

ジャック・デリダ『動物を追う、ゆえに私は（動物で）ある』（翻訳）筑摩書房／2014

共著

ジャン・ジュネ『恋する虜』（共訳）人文書院／1994

『「ショアー」の衝撃』（共編著）未來社／1995

『原理主義とは何か』（共著）河出書房新社／1996

『国民とは何か』（共訳著）インスクリプト／1997

ジャック・デリダ『友愛のポリティックス』1、2（共訳）みすず書房／2003

ジャン・ジュネ『シャティーラの四時間』（共訳）インスクリプト　／2010

ジャン・ジュネ『公然たる敵』（共訳）月曜社／2011

『津波の後の第一講』（共編著）岩波書店／2012

『レイシズム・スタディーズ序説』（共著）以文社／2012

ジャック・デリダ『他の岬　ヨーロッパと民主主義』（共訳）みすず書房／2016

『反東京オリンピック宣言』（共著）航思社／2016

『デリダと「死刑」を考える』（共著）白水社／2018

『思想の廃墟から　歴史への責任、権力への対峙のために』（共著）彩流社／2018

『で、オリンピックやめませんか？』（共編）亜紀書房／2019　　他多数

テロルはどこから到来《とうらい》したか　その政治的主体《せいじてきしゅたい》と思想《しそう》

2020年 2月29日　第1刷発行

著　者　鵜　飼　　哲

発行人　深　田　　卓

装幀者　宗　利　淳　一

発　行　インパクト出版会

〒113-0033　東京都文京区本郷2-5-11　服部ビル2F

Tel 03-3818-7576　Fax 03-3818-8676

E-mail：impact@jca.apc.org

http://impact-shuppankai.com/

郵便振替　00110-9-83148

印刷・製本 モリモト印刷

インパクト出版会　近刊

鵜飼 哲

まつろわぬ者たちの祭り

日本型祝賀資本主義批判

第１章　災厄のポリティクス

第２章　境界から歴史をみつめ直す

第３章　日本型祝賀資本主義批判
　　　　―― 天皇代替わりとオリンピック・パラリンピック

2020 年 3 月刊　定価 2500 円＋税　ISBN 978-4-7554-0303-3

松沢 哲成

戦後日本〈ロームシャ〉史論

下層から照射する歴史学へ。ラジカルに生きた歴史家の遺作。

2020 年 2 月刊　定価 3000 円＋税　ISBN 978-4-7554-0302-6

前田 朗

500 冊の死刑　死刑廃止再入門

小説・ルポルタージュ、死刑囚の作品から研究書まで。
死刑図書館への招待。

2020 年 1 月刊　定価 3000 円＋税　ISBN 978-4-7554-0300-2

池田 浩士

大衆小説の世界と反世界

池田浩士コレクション 6

10 年のときを隔ててコレクション第 2 期刊行開始。
名著『〔海外進出文学〕論』の源流ともいうべき長篇評論に付論多数掲載。

2019 年 8 月刊　定価 5800 円＋税　ISBN 978-4-7554-0294-4

新郷 啓子

抵抗の轍

アフリカ最後の植民地、西サハラ

世紀をまたいで続くモロッコによる占領。
サハラーウィは闘い続ける。

2019 年 12 月刊　定価 2300 円＋税　ISBN 978-4-7554-0299-9

ハキム・ベイ　箕輪裕・訳

T. A. Z. 第 2 版

一時的自律ゾーン、存在論的アナーキー、詩的テロリズム

ハキム・ベイの世界的ベストセラー。
2003 年の第二版をもとに全面的に改訳。

2019 年 11 月刊　定価 2500 円＋税　ISBN 978-4-7554-0278-4